ÉTUDES SUR LA TACTIQUE.

MATIÈRES D'EXAMEN

DU

PROGRAMME B

POUR LES LIEUTENANTS D'INFANTERIE,

Par le capitaine **FISCH**,

RÉPÉTITEUR D'ART MILITAIRE ET DE FORTIFICATION A L'ÉCOLE MILITAIRE
DE BELGIQUE.

AVEC 10 PLANCHES.

BRUXELLES,	PARIS,
C. MUQUARDT, ÉDITEUR,	DUMAINE, ÉDITEUR,
HENRY MERZBACH, SUCCESSEUR,	30, RUE ET PASSAGE DAUPHINE.
PLACE ROYALE.	

1872

FRIEDRICH KLINCKSIECK
LIBRAIRE DE L'INSTITUT IMPÉRIAL DE FRANCE.
11, RUE DE LILLE, PARIS.

ÉTUDES SUR LA TACTIQUE.

BRUXELLES. — IMP. AD. MEERTENS.

ÉTUDES SUR LA TACTIQUE.

MATIÈRES D'EXAMEN

DU

PROGRAMME B

POUR LES LIEUTENANTS D'INFANTERIE,

Par le capitaine **FISCH**,

RÉPÉTITEUR D'ART MILITAIRE ET DE FORTIFICATION A L'ÉCOLE MILITAIRE
DE BELGIQUE.

AVEC 10 PLANCHES.

BRUXELLES,	PARIS,
C. MUQUARDT, ÉDITEUR,	DUMAINE, ÉDITEUR,
HENRY MERZBACH, SUCCESSEUR,	30, RUE ET PASSAGE DAUPHINE.
PLACE ROYALE.	

1872

AVANT PROPOS.

Appelé par MM. les officiers du dépôt de la guerre à l'honneur de leur donner quelques conférences sur les matières des examens du programme des lieutenants d'infanterie, j'ai été guidé, dans la recherche des principes de l'art de la guerre, par les ouvrages des meilleurs auteurs.

Le travail que je m'étais imposé comportait certaines difficultés.

Il fallait exposer les matières de la partie programme des examens « tactique », sous une forme plus ou moins compacte, tout en évitant trop de concision et trop de longueur; il fallait en outre compléter par des détails indispensables, certaines parties de nos règlements militaires.

La tâche était ingrate, et cependant, je n'hésite pas à livrer à la publicité ce travail, quelque imparfait qu'il soit. Mon but est d'être utile à mes camarades de l'armée, qui n'ont souvent pas les documents, ni le temps nécessaire au travail de compulsation auquel je me suis livré, et de leur faciliter l'étude des questions que nous avons à résoudre sur le champ de bataille.

Aussi, j'ose espérer que cet ouvrage trouvera un accueil favorable parmi MM. les officiers et qu'ils le jugeront avec indulgence.

DE LA FORCE MORALE.

Les engagements, les combats et les batailles résultent du choc de partis plus ou moins considérables, ou de deux armées sur le champ de bataille.

La partie de troupes ou l'armée qui, à force égale, même inférieure dans certaines conditions, possède le plus de forces morales et physiques, dont l'intelligence est le plus développée, remporte la victoire.

La force morale d'une armée réside dans l'habitude de la discipline et de l'obéissance. Elle peut être développée chez le soldat par la culture de l'intelligence, par la pratique rigoureuse des devoirs, par une application juste mais sévère des lois militaires.

La force morale du soldat peut être développée en stimulant chez lui les passions, telles que l'amour-propre, le désir de conquête, la conscience du devoir, le fanatisme religieux, l'enthousiasme, et par dessus tout, l'amour de la patrie et du drapeau.

Dans les combats, un chef habile doit savoir exploiter toutes ces qualités, en tenant compte des forces de l'ennemi, des sentiments qui peuvent l'animer, du but de la guerre et de la cause pour laquelle on combat.

Une influence morale considérable vient se jeter dans la balance des batailles : c'est l'instinct de la conservation chez tous les êtres vivants.

On a vu des troupes qui, par amour du devoir, se sont laissé tuer jusqu'au dernier homme; mais ces exemples sont rares, et chez tous les soldats, à quelque nation qu'ils appartiennent, le « primo mihi » a toujours eu et aura toujours ses droits et ses exigences.

Mais comment se fait-il que l'instinct de la conservation l'emporte sur les forces morales ?

Les impressions du champ de bataille agissent sur le moral; l'ouïe et la vue perçoivent toutes les impressions, l'esprit est inquiété et se trouble par le spectacle des morts et des blessés que le soldat voit autour de lui; il envisage la situation à son point de vue, la peur lui fait voir l'ennemi partout, agrandit ses bataillons, décuple ses forces; une attaque en flanc ou à revers achève de le troubler, il tourbillonne et il fuit. La force morale est vaincue.

A ce moment de la lutte, la surveillance des officiers n'a plus le même caractère. Tous leurs efforts sont tendus vers l'ennemi; ils doivent surveiller l'action, et leur vue ne peut se fixer sur chaque soldat en particulier.

Quelquefois, souvent même, les officiers sont tombés;

le soldat, se voyant sans guide, sans conseil, sans la main qui le dirige, sous l'œil duquel il n'ose pas faire autrement que faire son devoir, perd courage et gagne peur.

L'instinct de la conservation prend encore le dessus sur le devoir.

Pour bien combattre, il faut donc :

1º Amener la troupe au combat avec la plus grande force morale ;

2º Conserver cette force pendant le combat ;

3º Ebranler celle de l'ennemi.

Pour pouvoir amener le soldat au combat avec la plus grande force morale possible, il faut déjà l'habituer dès la paix à l'obéissance, à la discipline, à l'observance stricte de ses devoirs, à l'exécution rapide des ordres ; le rompre aux formes tactiques, le conduire sévèrement, le récompenser de son zèle, le punir de ses fautes, en passant par tous les degrés des peines que la loi autorise.

Depuis la réprimande, qui agit sur son amour-propre en le comparant à ses camarades, jusqu'à la punition la plus sévère, l'envoi à la compagnie de discipline, existe une longue échelle de moyens de répression, qui donnent à un chef habile les moyens de bien discipliner ses soldats.

Si l'on est sévère envers ceux qui commettent des fautes, on doit être bon envers ceux qui remplissent consciencieusement leur devoir ; des faveurs, des louanges, etc., seront la récompense des bons soldats.

L'obéissance passive, sans murmure, sans raisonnement, l'obéissance qui fait abstraction de tout ce qui entoure le soldat, qui naît de la confiance, de la conscience de la supériorité de ses chefs, voilà le secret de la victoire sur le champ de bataille.

Un autre moyen de consolider les forces morales du soldat, consiste à développer ses moyens intellectuels, et de l'habituer à dompter par sa propre réflexion, les influences fâcheuses qui lui viennent de l'extérieur.

Ce résultat sera obtenu par une solide instruction dans la gymnastique, dans la natation, dans l'escrime, dans le tir, dans les marches, dans les manœuvres.

On doit persuader au soldat la supériorité de son arme sur toute autre ; il faudra dès la paix l'habituer au bruit du canon et de la fusillade en faisant faire des manœuvres à feu ; nous ajouterons même qu'il faudrait lui faire faire le service des armées en campagne, principalement le service des avant-postes à la tombée de la nuit, afin de l'habituer à la situation dans laquelle il peut se trouver à la guerre.

En un mot, la confiance dans soi-même doit être développée au plus haut point chez le soldat.

Il doit se suffire à lui-même dans des moments critiques, et pour cela, le soldat doit joindre à la force physique, l'agilité, la ruse pour se tirer seul d'un mauvais pas.

Pour que cette confiance soit développée dans le soldat, il lui faut l'habitude de son arme, il lui faut de nombreux exercices de tous genres.

Il faut que son arme, le fusil, puisse lui servir à atteindre sûrement son ennemi au loin. Elle doit donc être une bonne arme de jet. Elle doit lui servir à lutter contre un ennemi corps à corps, et pour cela il faut que le fusil, transformé en arme de haste par la baïonnette, soit léger, facile à manier.

Des vertus d'un autre genre doivent encore être développées chez le soldat: ce sont l'amour-propre, l'amour de son roi, de sa patrie, le sentiment religieux et l'esprit de corps.

Il n'entre pas dans le cadre de notre travail de traiter ces questions, qui ont du reste été traitées par des auteurs militaires renommés et que nous pourrions tout au plus résumer ici.

Enfin, on développe et on conserve la force morale chez le soldat par un bon entretien, par des distributions régulières, par des suppléments de rations les jours de fatigue, par la distribution de vin et spiritueux, etc., etc.

Que faut-il pour conserver la force morale du soldat pendant l'action?

Un sentiment inné chez l'homme, quand il se trouve avec quelqu'un qui lui est supérieur, est de l'observer continuellement et spécialement pendant les moments critiques.

Il en est ainsi du soldat, et l'influence que peut avoir acquis son chef sur lui, porte ses fruits dans les combats.

Le soldat tient généralement bon, aussi longtemps qu'il voit son chef calme en présence du danger, aussi longtemps qu'il le voit poursuivre d'un œil froid les différentes péripéties de la lutte, qu'il donne ses ordres avec sang-froid, sans se laisser intimider par les influences extérieures.

La confiance du soldat se perd avec celle de son chef; rien ne le trouble plus que des ordres contradictoires. Les soldats perdent patience et n'obéissent plus que par contrainte; rien n'influe d'une manière plus fâcheuse sur le soldat que de voir son chef agité, inquiet.

Le soutien vaccille; le soldat s'était reposé sur lui, son appui lui fait défaut, la force morale l'abandonne et il est sur le point de fuir.

Mais si, malgré la fermeté, le courage, le sang-froid de l'officier, la troupe s'émeut, si elle gagne peur, celui-ci doit relever son courage par quelques paroles encourageantes, enthousiastes. Il doit leur dépeindre la situation en quelques mots, il doit leur faire comprendre qu'en faisant tel ou tel effort, la situation s'améliorera; enfin, il doit faire appel à tous leurs sentiments, éveiller toutes leurs cordes sensibles pour les ramener au devoir.

Malheureusement, maints soldats peureux, peu braves, donnent dans ces circonstances l'exemple de la défection; ceux-là doivent être ramenés au sentiment du devoir par la force. Les officiers et les sous-officiers doivent même employer des moyens violents, le revolver ou le sabre pour contraindre ces lâches à rester dans les rangs et à partager le péril avec leurs camarades.

Dans ces circonstances, il ne faut pas de faiblesse : la lâcheté doit être punie sur le champ, et si en toute circonstance on doit agir paternellement avec le soldat, il faut, dans ces moments où ce mauvais exemple peut entraîner à de bien fâcheuses conséquences, une rigidité exceptionnelle pour conjurer le danger qui peut mener à la défaite et au déshonneur.

Nous ajouterons ici quelques mots relatifs aux manœuvres à exécuter devant l'ennemi.

Les manœuvres doivent être faciles, simples, solides et exécutées avec sang-froid.

Il faut des manœuvres simples, car le soldat doit pouvoir les exécuter machinalement; les commandements doivent être courts et précis, pour qu'il n'y ait pas de malentendu, sans quoi le désordre devient inévitable.

Il faut donc habituer le soldat à exécuter toutes les manœuvres praticables devant l'ennemi, sans hésitation, avec ordre et régularité, presque sur un signe de son chef.

Le commandement réglementaire est donc encore un lien qui unit le soldat à son officier.

Mais l'officier se trouve souvent dans le cas de ne pouvoir surveiller tous ses soldats.

La tactique moderne comporte beaucoup de combats en ordre dispersé, pendant lesquels la surveillance directe de l'officier n'existe pour ainsi dire plus.

Il faut diminuer cette chance défavorable ; aussi notre règlement de l'École de compagnie, §§ 362 à 367, nous en indique les moyens en formant des groupes de

tirailleurs, et ce dernier paragraphe dit : « le moral des hommes est affermi au contact de leurs camarades. »
En un mot, il faut tenir les hommes concentrés pour pouvoir les gouverner du regard et de la main ; le courage individuel se trouve ainsi stimulé, l'amour propre des hommes tièdes est excité par l'exemple des hommes courageux, et les peureux ne faiblissent pas aussi vite, quand ils sont entourés de braves.

Pendant l'action, l'officier peut souvent retremper le moral de sa troupe.

Quand les circonstances de combat sont favorables et qu'on peut marcher en avant pour prendre une meilleure position, dans laquelle les soldats sont mieux abrités, d'où ils peuvent mieux découvrir le terrain, l'officier ne doit jamais négliger de le faire.

Outre que le gain d'une partie du terrain est déjà un succès, les hommes voient que leurs efforts aboutissent, que les périls qu'ils affrontent ne sont pas infructueux ; le courage renaît, le moral se consolide, la confiance dans leur force devient plus grande.

Pour une attaque, l'officier doit former sa colonne et s'élancer sur l'ennemi après avoir adressé quelques paroles bien senties à ses soldats, pour relever leur moral.

MOYEN POUR DÉTRUIRE LA FORCE MORALE CHEZ L'ENNEMI.

Les moyens pour détruire la force morale chez l'ennemi sont de deux espèces :

    1° Le feu ;
    2° La baïonnette.

Action par le feu.

Les feux sont de deux espèces :

1° Les feux d'artillerie ;
2° Les feux de mousqueterie.

Le feu d'artillerie a une grande influence morale sur les troupes. Celles-ci se sentent plus fortes quand elles sont soutenues par des feux d'artillerie, et cela est surtout vrai pour des troupes jeunes, peu manœuvrières, peu habituées aux combats.

Quand le canon parle pour la première fois, l'âme s'émeut, le canon sonne l'heure du combat. Les oreilles se tendent à cette grosse voix qui donne l'alarme, qui appelle les combattants sur le terrain et qui prévient tout le monde d'être sur ses gardes, surtout maintenant que l'artillerie prélude au combat.

Les deux armées à la fois ont ce soutien moral que nous venons de citer ; l'art consiste à paralyser celui de l'ennemi.

Dès que ses batteries sont démontées, ses rangs sont vite ébranlés par le feu à longue portée : ils sont décimés par des coups inattendus auxquels l'ennemi ne peut plus répondre ; les pertes qu'il éprouve lui inspirent des craintes, il se trouble et ses colonnes lâchent pied.

L'effet le plus efficace du feu est obtenu, s'il frappe l'ennemi d'une façon inattendue.

L'esprit humain est ainsi fait : l'inattendu le déroute momentanément. Il lui faut le temps de se raffermir dans la situation où il se trouve; la chair domine un moment, et le danger inconnu, que l'on soupçonne seulement, est plus terrifiant que celui qu'on voit en face.

Pour produire l'effet que l'on veut atteindre, il faut chercher à prendre l'ennemi par des feux de flanc et des feux à revers; sa retraite se fait alors instinctivement.

Il en est de même des feux croisés ou du feu concentrique.

Le feu d'artillerie a acquis une importance considérable depuis la guerre de 1859 en Italie.

Feux de mousqueterie.—Influence des armes se chargeant par la culasse sur la manière de faire la guerre.

Le feu de mousqueterie, depuis l'introduction dans les armées des armes se chargeant par la culasse et des armes perfectionnées de petit calibre, produit également un effet destructeur plus considérable, dont il faut tenir compte, parce qu'il apporte des modifications dans l'art de combattre.

Les qualités principales de ces armes sont la rapidité du tir, une vitesse initiale plus grande de la balle, et par suite une trajectoire plus rasante que celle des balles des fusils se chargeant par la bouche, le chargement et le tir dans toutes les positions.

Il n'appartient pas au cadre de notre travail de

développer ces qualités, nous allons voir rapidement quelle influence les armes à tir rapide ont sur la manière de se conduire en campagne.

Pour qu'un tir soit efficace, il faut que le tireur sache parfaitement distinguer le but, qu'il apprécie exactement la distance à laquelle il doit tirer et qu'il fasse le coup de feu avec calme.

Ces trois qualités peuvent s'acquérir par l'instruction.

Quoique notre fusil Albini et la carabine Terssen permettent de tirer à la distance maximum de 1,200^m, cette distance n'est guère exploitée que par des tireurs habiles. La grande masse de feu ne se donne pas au-delà de 2 à 300^m pour les troupes de position et les troupes déployées, à 600^m pour les tirailleurs. Aussi, c'est de ce tir seulement que nous nous occuperons, sauf à signaler les exceptions si elles se présentent.

D'ailleurs, le tir aux grandes distances n'a pas beaucoup d'efficacité, parce que la plupart des soldats d'une armée ne sont pas excellents tireurs, mais peuvent donner un feu moyen très-bon. Ce feu présente l'inconvénient du gaspillage des munitions, dont nous parlerons du reste plus tard.

Avec les anciens fusils, des soldats aguerris ne commençaient leur tir qu'à 250 à 300 pas, et si alors on pouvait déjà faire subir des pertes énormes à l'ennemi en tirant deux à trois coups par minute, des résultats bien plus grands peuvent être obtenus avec des armes dont le tir est cinq et six fois plus rapide. Voyons en effet ce qui se passera dans un engagement.

Supposons un bataillon déployé attendant l'attaque d'un autre bataillon.

Si la première décharge du bataillon sur la défensive se fait à la distance de 300 mètres, la salve s'exécutera bien, ou plutôt, on aura des garanties qu'elle sera bien dirigée, puisqu'elle sera commandée par le chef. Comme la distance de 300 mètres peut être parcourue en deux à trois minutes, le bataillon sur la défensive peut, avec la rapidité du tir actuel, envoyer encore bon nombre de décharges bien dirigées sur l'assaillant, et ces décharges seront d'autant plus meurtrières qu'elles seront faites à de plus courtes distances.

Les vaillantes troupes anglaises sous la conduite de Wellington, ont maintes fois montré quel effet terrible peuvent produire sur l'adversaire des décharges lancées à de petites distances, et si de ce temps les pertes étaient déjà grandes par l'effet d'une salve, quelles seront-elles, aujourd'hui que le tir est six fois plus rapide et d'une justesse plus grande ?

Aussi les pertes seront plus nombreuses et l'attaque de front plus difficile à exécuter.

Si l'attaque de front présente des difficultés, l'ennemi cherchera à maintenir ce front et à faire des attaques de flanc.

Dans ce temps, on appuyait les flancs d'une position à des obstacles naturels du terrain, à un terrain coupé, difficile à la marche.

Aujourd'hui, on ne peut plus donner cette protection aux ailes, parce que ce sont précisément ces obstacles qui couvrent la marche de l'ennemi, qui favorisent ses approches et le soustraient à l'effet destructeur des armes.

A l'exception d'un terrain tout à fait inaccessible, tels que marais étendus, fleuves, lacs, etc., les parcelles de bois, les maisons, les fermes, les villages, qui ne sont pas trop étendus pour pouvoir être énergiquement occupés et défendus, et qui permettent l'action des armes à feu sur le terrain extérieur, sont les meilleurs points d'appui.

L'ennemi est dans son approche, vu de loin, ses mouvements n'échappent pas à la défense, partout le terrain est découvert et il est pour ainsi dire, impossible à l'assaillant de tourner la position.

La plaine est donc le véritable lieu où l'arme au tir rapide a le plus d'avantages, et la défensive a le problème facile de choisir sa position de manière à ce que l'ennemi soit obligé de traverser la plaine pour aborder la position.

Cette dernière sera donc choisie de manière à être couverte derrière des crêtes de colline, d'où l'on domine le terrain en avant.

La profondeur de la position doit être assez grande; la cavalerie et la réserve seront placées de manière à pouvoir au besoin, au moyen de quelques manœuvres habiles et quand le véritable point d'attaque se dessine, se déployer et agir sur l'ennemi avec toute leur puissante action : les feux de masse et le choc.

Une brigade, par exemple, sera précédée d'une avant-garde de un à deux bataillons; celle-ci engagera le combat en ordre dispersé et en colonnes de compagnie. Les autres bataillons, serrés en masse et convenablement abrités derrière des plis de terrain, attendront le moment favorable pour se déployer, envoyer des feux sur l'adversaire et le rejeter à la baïonnette.

La cavalerie, placée en arrière des aîles, attend le moment favorable pour prendre les colonnes d'attaque en flanc. Elle aussi combat dans un terrain qui facilite son action, elle peut facilement se déployer, se mouvoir et rejeter l'ennemi, qui a déjà bien souffert par les balles de la défense.

Son succès dépend de l'appréciation du véritable moment de l'attaque.

Quoique l'artillerie actuelle tire exactement à la distance de 4,000 mètres, son tir en campagne ne peut guère être exploité que jusqu'à 3,000 mètres à obus explosif, et jusqu'à 1,800 à 2,000 mètres à shrapnels contre les troupes déployées, et il est absolument nécessaire de déployer ses masses lorsqu'on est soumis aux vues et aux coups de l'artillerie.

A la distance de 2,500 mètres, un ennemi ne peut prendre position, et à des distances plus rapprochées, 1,500 à 2,000 mètres, les colonnes sont détruites par le feu exact à longue portée.

L'artillerie, malgré la perfection de son tir, a encore pour but :

1° De commencer le combat;

2º De préparer et de soutenir l'action de l'infanterie et de la cavalerie ;

3º D'attirer sur elle le feu de l'artillerie ennemie ;

4º D'aider puissamment à la poursuite ;

5º De protéger la retraite des troupes en arrêtant les colonnes ennemies par un feu nourri et bien ajusté.

Pour remplir ces buts multiples, il faut que l'artillerie prenne des positions telles, qu'elle ne soit pas obligée de les changer souvent, car tout nouvel emplacement exige de nouveaux tirs d'essai, qui font perdre du temps et des munitions.

A des distances inconnues, le tir de l'artillerie rayée est sans effet ; mais ajoutons que par suite de sa longue portée, elle peut, d'une même position, suivre toutes les péripéties d'un combat ; elle n'a pas besoin de s'avancer de quelques centaines de mètres pour atteindre l'ennemi : sa portée suffit, l'effet du tir réglant à chaque instant la hausse à employer.

Il ne faut cependant pas s'exagérer l'efficacité du feu de l'artillerie à des distances supérieures à 2,000 mètres ; il serait facile de le constater au moyen des tables de tir, des angles de chute des projectiles, et par suite de l'espace dangereux, surtout, si le terrain est peu favorable au ricochet des projectiles explosifs. Par contre, le feu devient d'autant plus efficace qu'on est plus rapproché de l'ennemi, et on peut établir en principe qu'à partir de 2,000 à 1,800 mètres, distance que l'ennemi parcourra en 15 à 20 minutes, les colonnes resteront exposées à un tir efficace jusqu'à 4 à 500 mètres, portée de la mitraille.

Le rôle de la cavalerie a-t-il varié depuis l'introduction des armes à feu à longue portée?

A première vue, la cavalerie semble avoir perdu de son importance par l'introduction de ces armes à feu; mais remarquons qu'autrefois déjà une bonne cavalerie ne pouvait entamer une bonne infanterie maîtresse de son feu, et les dernières guerres, 1866, 1870 et 1871, ont confirmé ce vieux principe.

Il serait imprudent d'exposer la cavalerie au feu à longue portée de l'artillerie, sa perte serait certaine. Mais quand le combat a duré quelque temps, quand les artilleries des deux armées se seront infligé des pertes, quand le combat d'infanterie et d'artillerie aura produit du désordre dans les rangs de l'adversaire, quand celui-ci aura perdu ses chefs, quand les bataillons et les compagnies seront réduits à des effectifs peu considérables, alors, comme du temps de Rossbach et de Hohenfriedberg, la cavalerie aura toute sa puissance d'action.

Le cavalier trouvera toujours dans la rapidité de son allure le contrepoids de la rapidité du tir ; une bonne position couverte l'abritera contre les projectiles de l'adversaire, et plus la puissante action de l'artillerie forcera à combattre en ordre dispersé, plus les circonstances favoriseront l'emploi de la cavalerie en petites masses, qui pourra préluder au choc de la cavalerie de réserve.

Finalement, la cavalerie a conservé son ancien

rôle : *surprendre, culbuter et poursuivre*, et ce rôle peut lui être facilité, si on sait neutraliser l'action des armes à feu à longue portée, en tirant sur l'artillerie ennemie, et en occupant l'infanterie de manière à ce qu'elle puisse être surprise.

Tout dépend donc des combinaisons.

La cavalerie doit aujourd'hui savoir apprécier le moment de l'action et l'exploiter : une résolution rapide, une exécution énergique sont les conditions de la réussite.

Le commandant ne doit pas attendre des ordres: il doit savoir agir sous sa responsabilité personnelle, saisir le moment opportun pour donner le choc, car l'occasion perdue ne se retrouvera probablement plus.

Les moments d'agir sont ceux où l'infanterie se trouve en ligne ou se déplace, où l'artillerie se met en batterie ou se remet en marche, ou la cavalerie fait un mouvement, qu'elle se laisse prendre en flanc, donc, en un mot, en des moments de faiblesse.

Nous venons d'examiner la défensive ; voyons ce que produirait l'offensive si elle combinait l'attaque comme dans l'ancienne tactique, c'est-à-dire aborder sur un front large, conduire le combat alternativement avec les deux premières lignes et faire finalement l'attaque à la baïonnette.

Une telle attaque n'est plus possible aujourd'hui, d'après ce que nous avons vu précédemment, l'action des armes à feu est trop grande dans un terrain uni, et pour pouvoir engager la lutte, il faudra, par des manœuvres, forcer l'ennemi à changer de position, ou bien l'attaquer à la tombée de la nuit ou le soir.

Nous voyons que les combats en terrain découvert sont extrêmement difficiles, et nous sommes naturellement conduits à ne chercher des ressources que dans un terrain couvert et coupé.

La puissance de l'artillerie a ici des limites, et le fusil se chargeant par la culasse n'a d'autre valeur que son tir rapide, qui ne peut être exploité que pendant un moment très-court, pendant le temps que l'ennemi met à aborder la position.

Or, nous avons vu que pendant cet espace de temps la défense peut faire subir des pertes immenses à l'adversaire, et l'attaque en front n'est pas moins difficile qu'en terrain uni.

La défensive conserve donc des avantages réels sur l'offensive, si elle sait choisir ses positions de manière que l'assaillant aura à parcourir un terrain découvert avant de pouvoir l'aborder.

Cependant, il faut observer que l'offensive conserve ses anciens avantages : c'est-à-dire, l'initiative, le choix du mode, du moment et du point d'attaque, tandis que la défensive doit coordonner ses mesures défensives à l'attaque, elle doit deviner le point où l'ennemi fera effort, elle est dans l'attente et dans l'incertitude.

Le grand problème de l'offensive sera donc de neutraliser les effets meurtriers du feu de l'ennemi, en s'approchant de la position défensive au moyen des couverts du terrain, prenant successivement des positions d'où elle peut agir par son feu sur l'adversaire, tandis que son artillerie cherchera à l'ébranler.

Nous verrons, du reste, par la suite, de quelle façon on devra conduire les différents genres d'attaque.

D'après ce que nous venons de dire, nous voyons que le feu et l'action à la baïonnette ont une très-grande importance dans la tactique moderne. Nous allons étudier les différentes manières d'exécuter le feu et faire suivre cette étude de quelques considérations relatives aux combats à l'arme blanche.

Manières d'exécuter les feux.

CONSIDÉRATIONS GÉNÉRALES.

L'effet que l'on obtient au moyen du feu est double : un effet direct et un effet indirect.

L'effet direct est obtenu par le nombre de tués et de blessés. Plus ce nombre est grand, plus l'ordre tactique de l'adversaire est troublé, et avec des pertes nombreuses il peut être conduit un certain moment à abandonner le but tactique qu'il voulait atteindre.

L'effet indirect est un effet moral, qui croît avec le genre de troupes contre lesquelles on combat.

Plus ces troupes sont jeunes, inexpérimentées ou mauvaises, plus l'effet moral produit sur elles est considérable et peut conduire au même résultat que nous venons de signaler.

Cependant, même contre des troupes braves, aguerries, cet effet moral peut augmenter avec les pertes que ces troupes éprouvent, surtout si elles se produisent en des temps très courts.

Sur des colonnes, l'effet moral est toujours plus considérable que sur des lignes, parce que celles-ci peuvent, à cause de leur formation, répondre plus efficacement au feu de l'adversaire.

Afin que le feu produise tout l'effet désirable, l'ennemi doit y être exposé le plus longtemps possible, le tir doit être rapide, et enfin il doit être bien dirigé.

Toutefois, il faut observer que l'efficacité du feu est en raison inverse de la distance à laquelle on le commence.

Si le soldat manque son ennemi, il perd la confiance dans son arme, se trouble et souvent il est empêché de viser à cause du rideau de fumée qui se forme toujours devant la troupe qui exécute le feu, et par cela même, le moral de l'adversaire s'élève, il s'habitue au danger qui ne l'atteint pas et il marche résolûment à l'attaque.

Le feu ne doit donc être ouvert qu'à la distance où il est efficace, et on peut poser en principe, que le feu est d'autant plus meurtrier qu'il est fait à une plus petite distance.

La grande rapidité du tir des nouvelles armes ne doit être exploitée qu'au dernier moment, lorsque l'ennemi est sur le point d'aborder la position. Ce n'est pas par la quantité, mais par la qualité du feu que l'on obtient le meilleur résultat.

Notre règlement d'exercice prescrit les feux de deux espèces :

    1° Les feux à commandement ;
    2° Les feux à volonté.

Les feux à commandement se subdivisent en autant d'espèces qu'il y a de subdivisions dans le bataillon, savoir :

    Les feux par bataillon,
       „   par demi-bataillon,
       „   par compagnie,
       „   par peloton et
       „   par rang.

Ils s'exécutent en ordre serré, debout et à genoux. Les feux à volonté s'exécutent en ordre serré et en ordre dispersé, debout, à genoux et couché.

DES FEUX A COMMANDEMENT.

Les feux à commandement, bien ajustés et donnés au moment opportun, produisent un effet meurtrier très grand sur l'ennemi.

Cependant ces feux sont d'une exécution difficile, ils exigent beaucoup de calme et de sang-froid de la part des hommes, qui doivent chercher à distinguer dans le bruit du combat la voix de leur chef, placé en arrière d'eux pendant l'exécution du feu.

Par cela même, ces feux sont peu exacts ; les hommes sont constamment préoccupés du commandement. Ils visent mal et au commandement de « feu, » ils agissent brusquement sur la détente, font dévier la balle vers le bas et tirent en avant de l'ennemi, ou bien ils tiennent constamment le fusil trop haut et les balles passent au-dessus des rangs ennemis.

D'un autre côté, la pause entre deux salves consécutives est un moment critique, un soldat charge plus vite que l'autre, on est impatient de tirer, les pertes essuyées produisent de l'inquiétude, le bruit du combat produit des malentendus ; un soldat tire, les autres suivent cet exemple et le feu à commandement dégénère en feu à volonté, qui est souvent difficile à arrêter.

Il faut donc, pour bien exécuter ce feu et en retirer tous les avantages, des soldats bien aguerris, bien disciplinés, bien exercés.

Le plus grand de ces avantages est d'éviter le gaspillage des munitions, qui est d'autant plus à craindre que l'approvisionnement des troupes sur le champ de bataille ne se fait plus aussi facilement que par le passé.

Les cartouches employées par les fusils se chargeant par la culasse sont des cartouches métalliques, qui doivent être fabriquées sur la base d'opération avec beaucoup de soin, au moyen de machines spéciales fort compliquées. Leur confection est donc plus difficile et leur transport plus long.

L'abus des munitions aurait donc pour grand inconvénient d'augmenter le nombre des colonnes de munitions sur le champ de bataille.

En outre, ces feux ont pour avantage de laisser à l'appréciation du chef le moment d'agir par le feu et utiliser la rapidité du tir.

En effet, un chef qui a du sang-froid et qui sait l'inspirer à ses soldats, ne commencera le feu que lorsque l'ennemi sera à une distance de 300 mètres environ de sa troupe, et à cette distance, que l'infanterie parcourt en 3 à 5 minutes, la cavalerie en 1 minute, il pourra encore recevoir la première avec 10 à 15, la seconde avec 5 à 6 salves bien ajustées.

Nous devons encore signaler un grand avantage, et que l'on ne peut pas priser assez haut, c'est que ces feux permettent au chef d'avoir constamment ses troupes sous la main; il a à tout instant une action sur elle, il peut la lancer en avant pour exécuter une attaque à la baïonnette aussitôt que la salve est exécutée.

Enfin, nous signalerons encore un dernier avantage; c'est que le feu par salve permet de laisser dissiper la fumée qui se forme toujours en avant de la troupe et qu'à la salve suivante les soldats peuvent viser exactement.

FEUX DE BATAILLON.

Le feu de bataillon, pour être bon, doit être exécuté au moment opportun, de plus il doit être concentré.

Le moment opportun pour exécuter le feu est souvent difficile à saisir, si l'on ne se trouve pas en terrain uni.

Une petite élévation, un pli de terrain que l'ennemi passe au moment du feu, peuvent en détruire l'effet.

Nous avons dit que le feu doit être concentré.

Si deux bataillons se trouvent vis-à-vis l'un de l'autre en ordre déployé, cette prescription a peu d'importance, mais il n'en est pas de même, si une partie du bataillon ennemi se trouve en colonne, c'est alors sur cette partie des troupes que l'on doit concentrer le feu, afin de mettre celle-ci dans l'impossibilité de gagner du terrain et de se déployer; mais il est difficile d'obtenir cette concentration du feu, les hommes tirent généralement droit devant eux, et il faut savoir les y habituer pour obtenir le résultat que nous avons signalé.

Enfin, il faut que dans les feux de bataillon, les soldats du deuxième rang ne soient pas gênés dans l'exécution du tir; c'est ce qui arrive presque toujours, surtout en guerre, quand les hommes portent le sac.

Aussi a-t-on constaté que les balles des hommes du deuxième rang passent généralement au-dessus du but, et un des avantages des feux de rang, est d'éviter cet inconvénient.

Les feux de bataillon ne doivent être employés, que lorsqu'on peut les faire suivre d'une attaque à la baïonnette, sans quoi ils dégénèrent en feux à volonté avec de mauvaises troupes; contre des tirailleurs, ils sont sans résultat.

On a souvent employé ces feux contre la cavalerie, et des auteurs modernes les préfèrent aux feux de carré, parce qu'ils dénoncent la formation en carré comme une formation peu naturelle, qui n'offre pas plus de résistance que la formation en ligne et qui ne donne pas autant de feu.

Toujours est-il qu'avec de bonnes troupes, la formation en carré n'est pas nécessaire pour résister à la cavalerie, l'histoire des guerres nous en fournit de nombreux exemples.

FEUX DE DEMI-BATAILLON.

Ces feux peuvent être très utiles dans certaines circonstances de guerre.

Ils présentent l'avantage de combattre l'ennemi à de grandes distances, quand il s'agit simplement de l'impressionner. Dans ce cas, les feux de demi-bataillon suffisent. Ils produisent l'effet moral désiré en même temps que l'on ménage les munitions.

Il se pourrait aussi que, par suite des circonstances de la lutte, un demi-bataillon ne voie pas l'ennemi, ou bien que les feux d'un demi-bataillon suffisent pour produire l'effet que l'on veut obtenir.

FEUX DE COMPAGNIE ET DE PELOTON.

Ces feux présentent l'avantage, que le front du bataillon vomit sans interruption des balles contre l'ennemi, mais nous devons observer que son exécution est extrêmement difficile et exige beaucoup d'habitude, beaucoup de sang-froid de la part des soldats. Les méprises sont à craindre; les hommes peuvent ne pas bien reconnaître la voix de leur chef, et en tout cas, la mort d'un chef produit presque toujours du désordre.

Cependant, quelques circonstances de guerre peuvent en recommander leur emploi.

Ainsi, dans des combats traînants, peu vifs, dans lesquels il ne s'agit que de repousser des attaques mal combinées, ou bien si l'une ou l'autre partie du bataillon est masquée par un mouvement du terrain, et c'est ce qui arrivera souvent dans la nouvelle manière de faire la guerre, les compagnies ou les pelotons qui auront des vues sur l'ennemi, exécuteront seules le feu.

FEUX PAR RANG.

Les feux par rang sont un intermédiaire entre les feux de bataillon et les feux à volonté.

Ils permettent de conserver l'ordre aussi longtemps que possible, de faciliter l'effet à obtenir du tir.

Ainsi, une première salve donnée à 300 mètres peut avoir été mauvaise. Les officiers auront le temps de rectifier le tir du deuxième rang avant de recommencer le feu.

Ce feu est généralement employé contre les attaques de la cavalerie, parce qu'aux attaques rapidement successives de cette arme, ils opposent des décharges échelonnées qui laissent une partie des feux en réserve.

On peut encore les employer, quand une troupe, se trouvant dans une position couverte, veut envoyer à l'ennemi à une certaine distance des décharges continues ou bien dans des circonstances qui ne nécessitent pas une attaque à la baïonnette après le feu.

Ces feux ont du reste l'avantage d'éviter le gaspillage des munitions et d'assurer, ainsi que nous l'avons déjà dit, un tir plus exact au second rang.

FEUX SUR QUATRE RANGS.

Il peut se présenter des cas où, pour donner pendant assez longtemps des salves par rang et pour agir avec beaucoup de vigueur, on soit obligé d'adopter une formation sur quatre rangs.

Ce cas est prévu par notre règlement.

Ainsi, la compagnie étant en colonne, le deuxième peloton serre sur le premier qui met genou en terre; ou bien encore, le bataillon étant formé en colonne simple par peloton, les seconds pelotons serrent contre les premiers qui mettent genou en terre.

Le feu s'exécute alors simultanément par les quatre rangs sans danger.

La grande concentration du feu de cette formation produira un grand effet moral sur l'adversaire et d'immenses pertes dans ses rangs, s'il est dirigé avec sang-froid et justesse.

DES FEUX A VOLONTÉ.

Les feux à volonté s'exécutent, avons-nous dit, en ordre serré, en ordre dispersé ou en tirailleurs, debout, à genoux ou couché.

FEUX A VOLONTÉ EN ORDRE SERRÉ.

Les feux à volonté étaient, avec les armes se chargeant par la bouche, le véritable feu de combat, le seul qui convenait dans toutes les circonstances où il fallait exécuter un tir vif sur l'ennemi.

Ces feux étaient plus vifs et plus meurtriers que les feux à commandement; en effet, le soldat n'attendant pas l'ordre de tirer, vise mieux et tire plus juste. Mais si ce feu a été souvent employé dans les guerres du dix-huitième et au commencement du dix-neuvième siècle, en raison de ses propriétés, il recevra peut-être moins d'application avec les nouvelles armes à tir rapide.

Il est évident que le soldat pouvant tirer cinq à dix coups par minute, peut, au bout d'un temps très-court, avoir épuisé les soixante cartouches qu'il porte sur lui, et cette raison a une importance majeure à la guerre; de plus, les soldats ne se pressant pas, le tir est plus exact.

Nous n'en concluons cependant pas que ce feu ne s'emploiera plus du tout, mais nous croyons pouvoir dire que son usage sera exceptionnel en ordre serré, et que les feux à commandement et par rang les remplaceront désormais dans les combats à courte distance.

Nous n'admettons pas que le feu à volonté soit réglementé, car avec des troupes peu aguerries, peu disciplinées, le feu à volonté s'exécute naturellement sur le champ de bataille, il s'engendre des autres feux dès que la troupe essuie des pertes, qu'il se fait des ouvertures dans les rangs, que des chefs sont tués ou blessés.

Ces feux présentent le grand inconvénient de ne pouvoir plus s'exécuter avec quelque chance de succès, parce que après plusieurs coups, il se forme en avant de la ligne, un rideau de fumée qui empêche la visée. De plus, pendant l'exécution de ce feu, le chef perd pour ainsi dire, toute puissance sur sa troupe, il ne l'a plus dans la main pour pousser une attaque rapide à la baïonnette sur l'ennemi.

Le chef doit d'abord faire cesser le feu, ce qui souvent sera difficile ; il s'écoulera un certain temps pendant lequel l'ennemi aura du répit pour se refaire de l'influence morale que lui aura causé le feu, et le choc ne sera plus aussi redoutable pour lui.

Le feu à volonté peut s'exécuter par une troupe dans une bonne position défensive, bien couverte, et même dans cette circonstance, le feu de bataillon produira plus d'effet.

FEUX A VOLONTÉ EN ORDRE DISPERSÉ.

Les feux à volonté en ordre dispersé seront exécutés par une troupe bien postée, à l'abri derrière un couvert, tel qu'une haie, un ravin, un épaulement, un parapet, etc., quand il s'agira de faire éprouver des pertes considérables à l'ennemi, pendant qu'il marche sur un terrain découvert, ou qu'il sera arrêté dans sa marche par des obstacles, tels que ruisseaux, marais, ravins, fossés, défenses accessoires devant un retranchement.

DES FEUX DE TIRAILLEURS.

Les feux de tirailleurs sont les plus efficaces de tous. Le soldat peut profiter de tous les accidents de terrain pour se couvrir, un arbre, un mur, une élévation du terrain, un buisson, un fossé, se rapprocher de l'ennemi, prendre la position la plus convenable pour tirer, choisir son but et tirer avec plus de sécurité et de justesse.

Le tirailleur pouvant et devant même toujours se déplacer, n'est jamais empêché par la fumée de viser. De nombreux exemples de l'histoire de la guerre nous fournissent des preuves de l'efficacité de ce tir, qui est le plus employé à la guerre, et qui est devenu la règle.

Toutefois, la grande rapidité du tir qui, comme nous l'avons déjà dit, présente l'inconvénient de l'abus des munitions, ne doit être exploitée que dans les moments critiques, et afin d'éviter cet inconvénient, il serait utile de ne déployer les groupes qu'au dernier moment, afin que le chef de groupe puisse conduire et régler le feu.

Observations sur le tir.

Outre les prescriptions de l'Ecole de bataillon, §§ 346 à 354, nous rappelons :

1° Que le feu, quel qu'il soit, ne doit pas être employé en marchant, et surtout quand on est en masse. Les feux, dans de pareils cas, occasionneraient un fâcheux désordre et seraient de peu d'effet.

D'ailleurs, quand on marche sur un champ de bataille, il importe d'atteindre un but, et alors il faut l'atteindre le plus vite possible, afin de rester le moins longtemps exposé au feu destructeur des armes se chargeant par la culasse.

2° Le feu doit être exécuté à bonne portée. C'est le seul moyen de lui donner de l'efficacité et d'inspirer aux soldats la confiance dans leur arme, tout en démoralisant l'adversaire.

Nous recommandons en outre de n'employer à la guerre que la ligne de mire de 300^m, surtout pour une troupe en ordre serré, visant au pied du but à atteindre, si toutefois on en voit le pied. Dans cette visée la trajectoire s'abaisse et l'espace dangereux augmente.

Cette manière de viser est surtout avantageuse pour des hommes couchés, parce que dans ce cas particulier l'espace dangereux pour une hausse est maximum.

3º Le feu contre la cavalerie ne doit être commandé qu'à la distance de 100 pas au maximum et de 30 pas au minimum. (Ecole de compagnie, § 570.)

Cette distance minimum nous paraît fort petite surtout pour une cavalerie qui charge en carrière, car un cheval blessé mortellement peut encore facilement parcourir cette distance et dans les convulsions de l'agonie désunir les rangs.

Si la cavalerie avance au trot, on peut la laisser approcher de 20 à 30 pas de l'infanterie, mais lorsqu'elle charge en carrière, il serait prudent de ne pas la laisser approcher de plus de 60 à 70 pas.

De l'emploi de la baïonnette.

Celui qui a un peu médité sur les manœuvres employées à la guerre, saura, qu'à l'exception des colonnes serrées et en masse, de la formation en carré et de la formation en ordre dispersé, les évolutions des règlements d'exercice sont peu employées à la guerre.

La gymnastique et l'escrime à la baïonnette n'ont par conséquent d'autre but, que de rendre le soldat plus habile, mais en même temps de lui inspirer une grande confiance dans son arme, et de lui apprendre à la manier pour le cas où il se trouvera en tirailleur.

Il n'est pas recommandable de prôner le fusil comme arme de jet, car l'histoire de la guerre nous montre beaucoup d'exemples qui prouvent, que dans le cas où il s'agissait d'atteindre rapidement un point donné, l'arme à feu ne donnait aucun résultat, tandis que l'arme de haste décida de la victoire.

D'un autre côté, l'action précipitée d'une attaque à la baïonnette exige moins de victimes que pour obtenir le même résultat par le feu; l'effet moral produit sur l'adversaire est tellement grand, que nous n'hésitons pas à déclarer la baïonnette comme l'arme la plus efficace, la plus décisive, et cette conviction doit être partagée par le soldat auquel on doit inculquer ce principe dès son arrivée sous les drapeaux.

Dans les campagnes de 1848 et 1849, le soldat autrichien se fit craindre par l'emploi fréquent de la baïonnette contre les tirailleurs (bersaglieri), bien retranchés et bons tireurs.

Dans toutes les campagnes, la baïonnette a toujours joué un très grand rôle, et elle trouvera dans l'avenir un emploi d'autant plus étendu, que les armes à feu se perfectionnent davantage.

Depuis la généralisation des armes à tir rapide dans les armées, on croyait que l'attaque à la baïonnette allait perdre de sa valeur. Il n'en est cependant pas ainsi. Car si pendant le combat, il est impossible d'aborder un ennemi parfaitement posté, maître de son feu, il n'en sera plus ainsi, lorsqu'il aura essuyé pendant un certain temps les feux de l'adversaire. Dès que ses rangs s'éclaircissent, qu'il est ébranlé, que ses munitions manquent, que l'élément moral se détruit, le véritable moment approche où l'on peut tenter une attaque à la baïonnette. Elle n'est donc plus le premier acte d'un engagement, mais bien le dernier, quand l'énergie de résistance est brisée chez l'adversaire.

Mais l'attaque à la baïonnette ne se fera que dans certaines circonstances particulières : dans les combats opiniâtres de localités où les combattants peuvent s'approcher à couvert; quand deux troupes se rencontrent inopinément; quand on veut prendre d'assaut un retranchement ou bien conquérir des position réputées inexpugnables, telles que les hauteurs de Lauterbach, de Vicenza, de Volta, etc., ou bien encore, lorsqu'on veut venger sur l'ennemi un affront ou des revers. Une véritable lutte corps à corps eut lieu à Inkerman. Une exaspération fort grande animait également les Français et les Russes. Ces derniers purent à la faveur d'un épais brouillard aborder les Français, toutefois après avoir essuyé des pertes fort considérables. A la bataille de Gross-Goerschen, le 25ᵉ régiment français, dit-on, a combattu à la baïonnette, après que Napoléon avait exprimé des doutes sur sa valeur.

La localité et les circonstances déterminent dans quelle formation l'attaque aura lieu.

D'après notre règlement, École de compagnie, § 542, les attaques à la baïonnette peuvent s'exécuter :

    1º En ligne,
    2º En colonne,
    3º En tirailleurs.

Quelle que soit d'ailleurs la manière employée, il faut que l'influence morale sur l'adversaire soit l'effet dominant à produire, et c'est en exécutant la charge à la baïonnette avec ordre, qu'on culbute souvent l'ennemi avant de l'avoir atteint. C'est effectivement ce qui se remarque dans l'étude des guerres de la république et de l'empire, dans lesquelles on ne cite guère comme choc fourni à fond, que la charge des troupes du maréchal Soult le 30 avril 1800, au blocus de Gênes, et celui des grenadiers d'Oudinot attaquant, en 1805, à Amstetten, l'arrière-garde russe, sur laquelle ils tombèrent à l'improviste.

Le genre d'attaque à la baïonnette dépend de la conformation du sol, de la formation de l'ennemi, de l'esprit des troupes, et nous dirons même de leur plus ou moins grande instruction.

Le mode est laissé au choix du chef, qui doit savoir apprécier d'une manière exacte et rapide les circonstances qui peuvent influer sur le succès. Mais une fois décidée, la charge doit se faire comme le dit le général de Decker :

« Rien n'est plus imposant, dit ce général, que
« l'attaque à la baïonnette d'une bonne infanterie.

« On peut en toute sûreté lui prédire le succès, si les
« hommes conservent le pas rapide et confiant, s'ils
« redoublent de vitesse en se rapprochant de l'enne-
« mi, si aucun d'eux ne songe à faire feu, si leurs vi-
« sages brillent de joie, si les officiers peuvent à peine
« contenir leur courage, pour qu'il ne dégénère pas
« en férocité.—Mais lorsque les soldats crient : hurra
« à 1,000 pas de l'ennemi, qu'à mesure qu'ils se rap-
« prochent ils ralentissent le pas jusqu'à bientôt le
« marquer, que les visages s'allongent et pâlissent,
« que les officiers s'épuisent en encouragements inu-
« tiles, alors une semblable attaque ressemble au
« moulin qui manque d'eau.

« La comparaison en est trop flatteuse encore, car
« le moulin se borne à s'arrêter, tandis que dans la
« ligne, au silence succède d'abord une décharge,
« puis immédiatement un demi-tour et une fuite hon-
« teuse. »

Ces paroles éloquentes d'un homme de guerre n'ont pas besoin de commentaires.

Les charges doivent se faire à une allure rapide pour animer le soldat, et pour le laisser moins longtemps exposé au feu de l'ennemi.

En outre, on doit ménager les forces des hommes, et la troupe doit rester jusqu'au moment du choc dans la main du chef.

L'attaque à la baïonnette en ligne ne s'exécute généralement que contre une ligne, car contre une colonne cette formation aurait trop de difficultés à vaincre.

Cette attaque se fait quand la compagnie déployée vient de faire feu et qu'elle doit compléter l'action par le choc, et, comme nous l'avons déjà dit, elle doit être exécutée avec vigueur, entrain, élan, soutenue par des tirailleurs et être suivie d'une réserve en ordre serré, pour pouvoir entrer en lutte dans un ordre quelconque.

La marche sur l'ennemi ne doit devenir rapide qu'à 150 ou 100 pas; à 30 pas, elle doit être impétueuse; à ce moment on croise la baïonnette et on se jette sur l'ennemi en poussant de grands cris.

Si le choc a réussi, le commandant doit immédiatement rassembler les troupes qui ont fourni le choc, et la réserve poursuit les fuyards. Si, au contraire, l'ennemi résiste au choc, la réserve protége la retraite des troupes rejetées, en se déployant rapidement en tirailleurs, et en maintenant l'ennemi par un feu bien nourri.

L'attaque en colonne peut être employée contre une aile d'une troupe déployée, sur une colonne, ou bien encore dans l'attaque d'une position.

Elle se fait généralement en terrain accidenté, parce que dans ce terrain, la marche en colonne est plus facile.

Dans la formation en colonne, les hommes restent plus dans la main du chef, et ils sont plus faciles à enthousiasmer, à enlever. La troupe est mieux encadrée, les chefs sont placés de manière à montrer l'exemple du courage. En outre, la tête se sentant soutenue, marche mieux, les pelotons en arrière étant couverts, marchent résolûment et sont entraînés par l'élan du premier.

La colonne est reconnue comme la formation qui s'approprie le plus à un choc violent.

L'attaque sur une aile ne se fera que quand la formation ennemie est déjà ébranlée par le feu des tirailleurs, et qu'on espère l'enfoncer au moyen d'une charge. La colonne se portera en silence et couverte par un pli du terrain, jusqu'à la hauteur de la ligne de tirailleurs, et à partir de ce moment elle s'élancera, accompagnée des tirailleurs de bataille avoisinants, avec vigueur sur le point à frapper, ainsi que nous venons de le dire.

La réussite du choc sera exploitée en déployant rapidement les troupes et en faisant un feu de ligne et de tirailleurs sur l'ennemi en fuite. Souvent l'effet obtenu sera assez considérable, et les fuyards sont seulement poursuivis par les tirailleurs.

Si l'attaque est repoussée, la colonne cherchera à se soustraire le plus vite possible à l'action du feu de l'ennemi, en s'abritant derrière un pli de terrain pendant que les tirailleurs qui accompagnaient les flancs de la colonne se déploient vers le centre et répondent vigoureusement au feu de l'ennemi. La colonne est employée encore pour faire l'assaut d'une position.

Dans les derniers temps, on a combiné l'attaque à la baïonnette avec le combat par les feux, en faisant précéder les colonnes par des tirailleurs, ou en les mettant dans les intervalles.

Nous dirons cependant que ce dernier moyen,

employé dès l'origine de la marche semble mauvais, car les colonnes sont vues de trop loin, et les tirailleurs ont peu d'action, puisqu'ils devront exécuter leur feu en marchant.

La première méthode vaut mieux, attendu que de cette manière, les tirailleurs attirent sur eux le feu de l'adversaire. Les colonnes peuvent s'approcher à couvert jusqu'au moment du choc.

Il est également à recommander de ne pas faire exécuter le choc par les tirailleurs en même temps que par la colonne, dont on compromettrait l'existence en cas de non-réussite.

L'attaque en tirailleurs, d'après le règlement de l'Ecole de compagnie, se fait :

1° Pour entamer par surprise une colonne ennemie;
2° Pour s'opposer à une attaque imprévue ;
3° Pour fondre sur une batterie ;
4° Pour emporter le saillant d'un village, la lisière d'un bois, une ferme isolée, etc.

Ces différents cas sont assez explicites pour que nous n'entrions pas dans des détails à ce sujet ; nous verrons, du reste, par la suite, comment on s'y prend pour faire l'attaque d'un village, etc.

Mais s'il faut beaucoup de courage et une vaillante troupe pour fournir un choc à la baïonnette, il faut une force morale bien plus grande pour savoir le recevoir de pied ferme et le repousser.

Rien n'est cependant plus facile, et les vaillantes troupes anglaises ont prouvé maintes fois, pendant la guerre de la Péninsule, qu'il ne faut que du sang-froid dans cette circonstance.

Le commandant doit toujours avoir sa troupe sous la main et recevoir l'assaillant par un feu de salve bien dirigé à 50 pas. Ce feu à bout portant, dirigé sur la ceinture, occasionnera des ravages énormes dans les rangs ennemis, toutes les balles portent, et si malgré les débris sanglants qu'abandonne la troupe en marche, elle a encore la force morale nécessaire pour continuer à avancer, on doit s'élancer au-devant d'elle, baïonnette croisée pour la renverser et la faire tourbillonner.

Mais si les deux troupes sont solides et aguerries, si la rencontre a lieu, le combat devient terrible, la baïonnette joue le rôle principal.

Au combat de Gênes, on se prit par les cheveux; dans le cimetière de Solferino, on se déchirait avec les dents, sur les hauteurs de Spicheren, on se battait à coups de crosse.

Du combat en ordre dispersé.

Le combat en ordre dispersé caractérise les combats de la tactique moderne.

Le terrain sur lequel les armées combattent, la grande portée, la grande efficacité des feux d'infanterie et d'artillerie forcent les armées à changer de tactique.

On n'attaque plus une armée bien postée, armée de fusils à tir rapide, en s'élançant sur elle à la baïonnette, mais on oppose aux tirailleurs ennemis une ligne de tirailleurs, qui cherchera à s'abriter derrière les obstacles du terrain et à engager un combat de ruse et d'adresse.

Cette manière de combattre donne aux hommes une plus grande indépendance, permet de combattre dans tous les terrains et d'occuper avec des troupes relativement faibles une plus grande étendue.

Avec toute autre formation, une armée subirait trop de pertes dans ses attaques. (Les Autrichiens en 1866.)

Le combat en ordre dispersé procure d'ailleurs l'avantage de ne pas présenter à l'ennemi des buts aussi étendus que l'ordre déployé ou l'ordre en colonne, de cacher à l'ennemi ses forces et ses projets, puisque dans cette formation, on n'engage qu'une partie de ses troupes, et de plus, cette formation ne fatigue pas autant les soldats que les autres formations de combat.

Le combat en ordre dispersé, qui ne se fait que par une petite partie de l'armée, a pour but d'ouvrir l'engagement, de le nourrir, de le traîner, de le rompre, de gagner du temps, de faire subir des pertes à l'ennemi dès que ses colonnes ou son artillerie se montrent à bonne portée des armes, de conduire le combat en terrain coupé, d'éclairer le terrain, de masquer les forces établies en arrière, de tâter l'ennemi pour pouvoir déterminer le point d'attaque, de laisser l'ennemi dans l'incertitude sur le point où il conduira ses forces principales, de le forcer à engager plus de troupes. Il sert à préparer le combat des troupes déployées ou en colonne, de les accompagner pendant l'attaque, de poursuivre l'ennemi ou de protéger la retraite des troupes engagées.

Quoique nous n'ayons pas énuméré tous les cas où l'on se serve du combat en ordre dispersé, on voit qu'il peut être employé dans toutes les circonstances de guerre.

On tiraille dès que l'on est en présence de l'ennemi, sans savoir ce qui va suivre.

Nous supposerons connues toutes les formations tactiques des tirailleurs, et comme leur bon emploi dépend de la manière d'utiliser le terrain, nous dirons quelques mots sur son influence dans le combat en ordre dispersé.

Le terrain peut être employé par le tirailleur :

1º Pour se soustraire aux vues de l'ennemi;

2º Pour se garantir contre les effets de ses armes à feu;

3º Pour exposer l'adversaire le plus longtemps possible à un feu meurtrier.

Le tirailleur doit se soustraire aux vues de l'ennemi ainsi que les soutiens et les réserves, afin de le laisser le plus longtemps possible dans l'incertitude sur la force, sur les mesures prises et sur la formation de combat adoptée. Par cela même, on a l'avantage de pouvoir préparer les contre-attaques, dérouter les projets de l'adversaire et le forcer à prendre de nouvelles dispositions.

Le tirailleur doit se garantir contre les effets des armes à feu de l'adversaire, à cet effet, il cherchera protection derrière les obstacles naturels du terrain.

Mais ce n'est pas seulement contre le feu direct de l'ennemi qu'il devra se garder, c'est également aux feux de flanc et d'enfilade qu'il devra se soustraire. Ce sont plutôt les chefs qui devront guider et placer les soldats, pour obtenir ce dernier résultat, et pour les couvrir autant que possible contre les attaques de cavalerie.

Le troisième avantage, celui d'exposer l'adversaire le plus longtemps possible au feu meurtrier du tirailleur, doit être obtenu, si c'est possible, en même temps que celui du couvert contre le feu ennemi, sinon on doit préférer plutôt une action efficace sur le terrain extérieur. Cette situation doit être appréciée par les chefs ; on ne doit pas se fier au soldat pour l'application de ce principe, car il aimera toujours à se garantir au préjudice de la condition d'atteindre l'ennemi le plus longtemps ; en outre, la plupart du temps le soldat ne remarque pas les positions avantageuses qui se trouvent à 20 pas de lui, et il ne sait pas apprécier l'avantage qui résulterait d'un déplacement. Ce sont donc les chefs seuls qui auront à juger le terrain, à l'apprécier et ordonner l'emplacement de leurs hommes.

Manière de conduire le combat en ordre dispersé.

Pour bien diriger les troupes dans les combats en ordre dispersé, les chefs doivent savoir apprécier exactement les circonstances de la lutte, la conformation du terrain et les forces à envoyer en tirailleurs.

La force de la ligne des tirailleurs dépend du but du combat, de l'étendue du terrain à occuper, des accidents et couverts qui s'y rencontrent, enfin de la force de la troupe qui combat et de celle de l'ennemi.

Quant au but que l'on veut atteindre, il faut voir s'il s'agit simplement de gagner du temps, par exemple, masquer un mouvement, observer un flanc, etc., ou bien, s'il s'agit de défendre énergiquement certaines parties du terrain, tels que lisières d'un bois, d'un village.

Dans le premier cas, l'occupation sera faible, dans le second cas, elle sera forte.

Veut-on simplement occuper l'adversaire, de faibles troupes suffiront; veut-on, au contraire, conquérir des points importants, des localités, des positions, les forces doivent être proportionnées aux efforts à produire.

Les formations à employer pour le combat en ordre dispersé forment l'objet des §§ 344 à 394 de l'Ecole du soldat, 353 à 487 de l'Ecole de Compagnie et 270 à 279 de l'Ecole de bataillon. Nous ne nous y arrêterons pas. Seulement, nous rappellerons quelques principes essentiels qu'il ne faut jamais perdre de vue.

Une ligne de tirailleurs qui avance, doit faire peu usage de son feu. Les différents groupes doivent gagner alternativement du terrain sous la protection des couverts qu'il présente.

Les tirailleurs emploient le pas de course exceptionnellement : par exemple, quand ils auront à traverser une plaine sans accidents sous le feu de l'ennemi, ou bien pour gagner rapidement une position située à proximité.

Si une ligne de tirailleurs doit déloger de sa position une ligne de tirailleurs ennemis, elle doit s'en rapprocher le plus possible en profitant des couverts du terrain, faire un feu énergique sur les défenseurs, et faire l'assaut de la position au moyen de l'attaque à la baïonnette.

Les soutiens des tirailleurs se portent sur la ligne, agissent avec des feux d'ensemble. Dès que la position ennemie est conquise, on doit l'occuper rapidement, rétablir l'ordre et marcher en avant ou s'étendre suivant les circonstances.

Si la ligne des tirailleurs réussit dans l'attaque de la lisière d'un bois, elle ne doit pas se contenter de ce succès, mais poursuivre l'ennemi énergiquement afin de se porter sur la lisière opposée.

La poursuite des troupes de la défense ne doit être faite qu'avec des troupes fraîches.

Dans une attaque de la cavalerie, le commandant de la ligne décidera si celle-ci doit faire ses ralliements par groupes, par section, sur les soutiens, ou rester en position.

On pourrait établir comme règle, que si la distance des tirailleurs au soutien est moindre de 80 pas, les groupes se rallient sur le soutien ; si la distance est plus grande, le ralliement se fait par groupes.

Cependant, cette règle est loin d'être générale. Elle se modifie suivant la conformation du terrain, suivant le plus ou moins de danger, par l'apparition subite de la cavalerie, dont les approches ont été couvertes par les nuages de fumée qui se forment toujours en avant d'une ligne de tirailleurs.

Nous dirons même qu'il est très important que devant une cavalerie disposée à charger, les tirailleurs restent énergiquement en position, tirant de tous les accidents du terrain le moyen de se couvrir, sans chercher à se pelotonner et surtout de ne jamais se livrer à la fuite devant le péril, pour reprendre, par une course désordonnée, leur rang derrière la ligne de bataille.

Laisser passer l'ouragan en se jetant ventre à terre serait mille fois préférable que d'essayer un ralliement en semblable circonstance.

A Austerlitz, un bataillon français qui s'était trop avancé vers le plateau de Pratzen, chargé, ne pouvant se rallier, donna lieu à un combat de cavalerie entre les grenadiers à cheval français et les chevaliers-gardes russes.

Ce bataillon, dispersé sur un terrain cultivé en vignes, se couchant dans les sillons, fut spectateur de de ce combat entre des cavaleries d'élite et put se retirer en ordre.

Les chefs de groupe, outre les dispositions contenues dans §§ 368 à 372 de l'École de compagnie, doivent indiquer à leurs groupes la distance à laquelle se trouve l'ennemi, contrôler et régler leur tir, et empêcher le gaspillage des munitions.

L'officier commandant les tirailleurs aura une attention particulière à ce que les différents groupes agissent dans un but commun, que la liaison avec les détachements voisins se fasse, et que les distances avec les troupes en arrière ne deviennent pas trop considérables.

Les officiers et les sous-officiers doivent être bons tireurs pour pouvoir faire des coups d'essai, si les circonstances du combat le permettent, afin de régler le tir des tirailleurs. Un avertissement de vive voix est donné à ce sujet aux groupes voisins, ceux-ci le transmettent plus loin.

On devrait permettre aux officiers de se servir d'un sifflet pour attirer en un certain moment l'attention des tirailleurs, afin de les diriger par un signe ou par un commandement (1).

Pour les tirailleurs, l'art consiste à se bien poster sur un terrain choisi, et de ne donner des feux qu'avec des chances à peu près certaines d'atteindre le but.

---

(1) Cela se fait en Prusse.

Les règles de conduite sont trop variables pour en faire l'objet d'une étude théorique; mais ce qu'il importe de dire, c'est que les mouvements en avant doivent, autant que possible, être cachés à l'ennemi, et que dans les mouvements en retraite, les fractions déployées n'aient d'autre but de ralliement que leurs propres réserves.

Pour terminer, nous dirons que le combat en ordre dispersé ne doit durer que le temps nécessaire pour atteindre le but proposé.

En le continuant trop longtemps, on dissémine trop facilement les forces; de plus, ce combat influe à la longue d'une manière fâcheuse sur une troupe combattant isolément.

DES TIRAILLEURS.

Une chose essentielle à obtenir des tirailleurs, c'est une grande efficacité de tir, afin de faire essuyer beaucoup de pertes à l'ennemi.

Le succès du combat en ordre dispersé dépend de la circonspection, de l'habileté du soldat, du bon emploi du terrain comme couvert. Aussi le tirailleur doit pouvoir faire feu dans toutes les positions, mais il doit plutôt songer à tirer juste, qu'à tirer beaucoup.

Sur des tirailleurs isolés, il ne devra tirer que de 300 à 500 mètres, sur des colonnes, de 500 à 700 mètres.

Il aura soin de viser principalement les gradés.

Une ligne de tirailleurs en mouvement doit faire peu usage de son feu, et ne l'exécuter que quand elle accompagne les colonnes d'attaque ou qu'elle protége leur retraite.

Dans une marche en avant, le tirailleur qui fait feu sera toujours en avant, dans la retraite, celui qui fait feu, sera en arrière, donc du coté de l'ennemi.

Dans une marche de flanc, celui qui doit tirer fait quelques pas latéralement du côté de l'ennemi.

Enfin, le tirailleur ne doit jamais perdre son chef de vue, afin de pouvoir toujours obéir à ses ordres, qui ne consistent la plupart du temps qu'en signes.

Les différents groupes doivent être en liaison constante.

Souvent on déploie en tirailleurs des compagnies, même des bataillons entiers, par exemple, quand le tir de l'adversaire est bien dirigé, quand le terrain ne permet pas la marche des colonnes, ou bien encore quand on veut arrêter à de grandes distances la marche de forces considérables de l'ennemi.

Le commandant du détachement prend dans ce cas la direction des tirailleurs en grandes bandes; les autres officiers, jusqu'aux commandants des sections, auront soin de diriger leurs groupes, afin de concourir au but qu'on se propose d'atteindre.

DU SOUTIEN.

Le soutien a pour but de renforcer la ligne de tirailleurs, de la rallier, ou bien de protéger sa retraite. Il peut être envoyé dans la ligne des tirailleurs, pour exécuter un feu par salves sur l'ennemi, ou bien pour exécuter une attaque en ligne ou en colonne.

D'après leur but, les soutiens doivent être assez près de la ligne de tirailleurs pour pouvoir la renforcer (150 pas en arrière du centre de la ligne, § 396, École de compagnie), et cependant assez loin pour ne pas avoir à souffrir du feu de l'ennemi.

Cette distance est applicable en terrain uni, mais dans les terrains accidentés, les soutiens, soit qu'ils marchent, soit qu'ils restent en place, chercheront à se couvrir au moyen des obstacles que présente le terrain.

Leur position sera donc choisie un peu plus en avant ou en arrière, un peu plus à droite ou à gauche, suivant les circonstances.

Ainsi, par exemple, le soutien peut être placé contre ou dans la ligne des tirailleurs : si le terrain présente un couvert convenable; si l'on doit défendre une position énergiquement et que l'occupation de certains points soit décisive pour le succès de l'engagement; si l'on doit faire une attaque subite avec des forces considérables.

En général, on place le soutien en arrière du point que l'on devra renforcer pendant le combat.

Ainsi les points faibles d'une ligne de tirailleurs sont en général les flancs et les angles saillants, contre lesquels l'ennemi dirigera presque toujours ses attaques.

Les instructions enseignent qu'une ligne de tirailleurs ne doit jamais combattre sans soutien.

Mais nous avons déjà vu qu'exceptionnellement, le soutien pouvait être employé pour renforcer la ligne de tirailleurs, soit comme troupe déployée, soit comme tirailleurs.

Dans ce cas, le soutien n'existe plus, et il faut en tirer un nouveau de la réserve.

Mais pendant un engagement, cette opération ne se fait pas aussi facilement que sur le terrain d'exercice : elle amène une dispersion des forces, affaiblit la réserve, et il vaut mieux en tout cas former le plus tôt possible un nouveau soutien des forces engagées, dès que l'objet que l'on a voulu atteindre est un fait accompli.

Si, par exemple, l'attaque contre la lisière d'un bois a réussi, le soutien qui aura forcé le passage y pénètre et se disperse en tirailleurs, tandis que les tirailleurs primitifs deviendront superflus et pourront se rassembler pour former le nouveau soutien.

Si l'attaque ne réussit pas, le soutien se retire pour se remettre en arrière de la ligne des tirailleurs.

DE LA RÉSERVE.

La réserve des tirailleurs reste derrière le bataillon jusqu'à ce que les tirailleurs soient arrivés à environ 300 pas de la ligne de bataille.

Cet ensemble, ligne de tirailleurs, soutiens et réserves, pourront se porter à 500 ou 600 mètres du corps principal.

La réserve servira à envoyer des renforts aux tirailleurs, à remplacer au besoin le soutien.

Elle est donc un élément de formation, et de plus,

un corps de ralliement, sur lequel viendront refluer les tirailleurs s'ils sont trop pressés par l'ennemi.

Les réserves doivent être établies de manière qu'elles soient à l'abri des coups de l'ennemi derrière un obstacle de terrain, mais pas trop éloignées des soutiens, pour pouvoir leur porter secours et les protéger (100 à 150 pas); de plus, leur emplacement doit être tel, que leurs feux croisés puissent concourir efficacement, avec ceux de la ligne de bataille, à contrebattre les attaques de cavalerie, et que par l'ensemble des dispositions, elles soient en quelque sorte comme les bastions d'un front fortifié.

Mesures de sûreté pendant les marches.

MANIÈRE DE S'ORIENTER SUR UN TERRAIN INCONNU.

Le premier soin d'une troupe qui se met en marche, est de s'orienter, afin de pouvoir se diriger avec facilité vers le but à atteindre.

Les cartes fournissent le meilleur moyen de s'orienter avec certitude.

Pour se servir d'une carte, on cherche sur celle-ci le point correspondant du terrain où l'on se trouve, et l'on se dirige vers le lieu de destination, en se servant des indications qui y sont consignées. Pendant la marche, on aura soin de remarquer les points saillants du terrain, de les rechercher sur la carte, et de vérifier ainsi fréquemment, si l'on se trouve encore sur la bonne route (1).

A défaut de cartes, on doit se procurer des guides tels que des chasseurs, des contrebandiers, des commissionnaires, des bergers, des gardes-chasses, des bouchers, des bûcherons, même des curés, en un mot des personnes qui, par leurs occupations, doivent parfaitement connaître le pays.

Mais le soldat isolé se trouve souvent dans une situation à ne pouvoir se servir de ces moyens. La nature alors si on veut la consulter, lui servira à se guider dans la direction à suivre.

Aussi, quand le soldat doit traverser un pays inconnu, il doit d'abord s'informer de la direction où se trouve le point à atteindre.

Pendant le jour, l'orientation sera facile à déterminer d'après la position du soleil.

En effet, à 6 heures du matin, il est à l'est,
      et à 7 heures en plein été,
  A midi   "   au sud.
  A 6 heures du soir   "   à l'ouest,
  Et à 5 heures en plein été.

Pendant la nuit, la lune lui procurera des indications analogues; ainsi :
      A minuit, la pleine lune est au sud,
      A 6 heures du matin, à l'est,
      A 6 "   du soir, à l'ouest.

---

(1) Sur une carte où il n'existe pas d'indication sur l'orientation, le nord se trouve toujours vers le haut de la carte.

Le premier quartier ☽ est :
A 6 heures du soir au sud,
A minuit à l'ouest ;
Le dernier quartier ☾ est :
A minuit à l'est,
A 6 heures du matin au sud.

D'autres indications sont encore fournies aux troupes en marche par les anciennes églises, dont l'autel est généralement tourné vers l'est, ou le lever du soleil ;

Par les moulins à vent, dont les quatre coins du pied indiquent exactement la position des quatre points cardinaux.

OBSERVATIONS GÉNÉRALES SUR LES MARCHES.

Les marches peuvent se diviser en :
Marches de paix et en
Marches de guerre.
Ces dernières peuvent s'exécuter
1° Loin de l'ennemi,
2° A portée et en présence de l'ennemi.

Nous nous occuperons spécialement de ces dernières marches, et nous chercherons les moyens d'assurer le service de sûreté des troupes.

Les marches devant l'ennemi ont pour objet d'aller à sa rencontre et de lui livrer combat dans des conditions favorables.

Une troupe qui marche, doit toujours avoir un ordre écrit, qui indique avec clarté le lieu de destination et le but de la marche.

Si elle doit marcher sur plusieurs colonnes, quand même les directions seraient parallèles, chacune de ces colonnes doit, à défaut de cartes, se munir de guides, car des colonnes, marchant parallèlement, peuvent se perdre de vue.

Le lieu de rassemblement des troupes doit être atteint par toute la masse à l'heure indiquée, afin que l'on ait les troupes sous la main pour résister à l'effort que tenterait l'ennemi.

Les différentes colonnes doivent marcher constamment à hauteur et doivent avoir entre elles des liaisons tactiques ou stratégiques, suivant la force des corps; à cet effet, le départ et les haltes doivent être réglées d'après le but à atteindre et les difficultés à vaincre, afin d'arriver au lieu de destination avec le moins de pertes et de fatigue (1).

Les marches ordinaires ne dépassent pas une étendue de 25 à 30 kilomètres par jour.

La vitesse de la marche en bon terrain est de 110 pas à la minute, donc de 6,600 pas à l'heure, soit 4,900^m. Pour faire l'étape, y compris les repos, on marche à peu près 8 1/2 heures, mais remarquons que l'homme doit être sur pied au moins une heure avant le départ, rejoindre la place de rassemblement, et arrivé à l'étape, il doit chercher son gîte et se net-

---

(1) Pour des trajets de faible étendue, les pertes s'élèvent généralement à 3 p. c. de l'effectif total, si le temps est froid et sec, et à 6 p. c. s'il est chaud et humide. L'infanterie éprouve les 2/3 de cette perte dans la 1re moitié de la route, et la cavalerie dans la 2e moitié.

toyer; de plus la cavalerie et l'artillerie ont encore à soigner les chevaux et le matériel.

Nous pouvons donc compter que la troupe est près de 10 heures sur pied pour faire une étape, et pour peu que les chemins soient mauvais, que la température ne soit pas favorable, la marche se ralentit, et le temps nécessaire pour arriver à l'étape pourra s'élever à 15 et même 18 heures de marche (1).

Afin de fatiguer une troupe le moins possible, il lui faut son repos journalier de minuit à trois heures du matin, temps pendant lequel le sommeil est le plus bienfaisant pour réparer les forces de l'homme. De plus, pendant les grandes chaleurs, il vaut mieux partir de bonne heure, 4 à 6 heures du matin, et arriver à l'étape avant les grandes chaleurs, ou donner

(1) En supposant que l'état des chemins soit connu à l'avance, la durée du trajet peut être donnée par les indications du tableau ci-dessous, établi pour une division de 10,000 hommes.

KILOMÈTRES.	DURÉE DU TRAJET.		
	par une bonne route.	par une route médiocre.	par un mauvais chemin.
22	6 heures.	8 heures.	10 heures.
44	12 —	24 —	30 —
66	31 —	38 —	50 —
88	46 —	56 —	58 —
110	76 — (3 jours).	90 —	104 —
122	100 — (4 jours).	114 — (4 jours 18 h.)	128 — (5 jours 8 h.)
154	124 — (5 jours 4 h.)	136 — (5 — 16 h.)	130 — (6 jours 6 h.)
176	148 — (6 jours 4 h.)	160 — (6 — 16 h.)	174 — (7 jours 6 h.)

un long repos au milieu du trajet et rentrer à l'étape le soir.

En hiver, on part plus tard.

Nous devons ajouter encore un mot sur les marches de nuit (1).

On ne les fait que quand on y est absolument forcé par des circonstances exceptionnelles.

Rien ne détruit plus la santé du soldat, que les marches, qui se font à l'heure où le sommeil alourdit la paupière.

Par cela même les mouvements sont plus lents : il y aura des arrêts provoqués par des hommes qui dorment debout. D'ailleurs, dans l'obscurité la marche est incertaine.

Il arrive cependant des cas où il faut en faire; alors pour tenir les soldats éveillés, on leur permettra de fumer, de chanter.

Les officiers doivent empêcher les hommes de se coucher et de s'endormir.

S'il arrivait un arrêt dans la marche, l'officier du peloton ou de la section doit examiner la cause de l'arrêt, et chercher à y remédier.

Les officiers en serre-file auront soin de laisser, à l'embranchement des chemins latéraux, des hommes sûrs pour indiquer la route à suivre à la subdivision suivante.

---

(1) On doit éviter autant que possible les marches de nuit, car elles demandent deux fois plus de temps que les marches de jour pour arriver au même but.

Dans ces marches, on rapproche l'avant-garde et l'arrière-garde, et on les tient en relation constante avec le gros de la troupe au moyen de petits détachements intermédiaires.

Les patrouilles visiteront les chemins latéraux à de petites distances seulement, ainsi que les localités situées à proximité de la route que l'on suit.

Quand une marche de nuit a pour objet une entreprise secrète, on doit la faire dans le plus grand silence, défendre de fumer, de chanter, même de parler ; on doit éviter les routes fréquentées et les lieux habités.

Les personnes que l'on rencontrerait sur son chemin doivent être tenues prisonnières tout le temps qu'on aurait à craindre une indiscrétion de leur part.

Il faut à ces colonnes de bons guides et des ouvriers pour réparer les mauvais pas.

Les marches de nuit étant pernicieuses pour la discipline, les officiers doivent veiller d'une manière constante qu'aucun écart ne reste impuni. Le général Blücher a dit, que ces marches sont plus à craindre que l'ennemi.

Pendant la marche, les colonnes doivent être constamment prêtes à repousser l'ennemi ; à cet effet, on les fait précéder d'une *avant-garde*, et on les couvre par des *flanqueurs* sur les flancs exposés.

Toute colonne a, en outre, une *arrière-garde*, pour assurer la sécurité sur ses derrières.

Dans l'organisation de ces corps, il ne faut pas perdre de vue que l'introduction du fusil perfectionné dans toutes les armées a étendu à 600 mètres pour les tirailleurs l'action efficace des feux de mousqueterie ; qu'une cavalerie entreprenante est à craindre à une distance de 1,500 mètres, distance qu'elle parcourt en cinq à six minutes, et qu'il faut à une colonne en marche un certain laps de temps pour se former en bataille, ou prendre une autre disposition, suivant la nature de l'ennemi.

De plus, il faut observer que ces dispositions varient avec le terrain, avec l'état atmosphérique, la longueur des colonnes, même avec la nature des troupes en marche, leur valeur morale, leur degré d'instruction, leur discipline.

Avant-garde.

L'objet de l'avant-garde est de couvrir la tête de la colonne, de fouiller le terrain en avant et dans un certain rayon, à droite et à gauche de la direction de marche.

Elle cherche à avoir des renseignements sur l'ennemi, sur sa force, sur sa position, sur ses intentions, sur la direction que suivent ses colonnes de marche.

Elle a, en outre, pour mission d'aplanir toutes les difficultés qui menacent la marche de la colonne ; elle répare les mauvais pas, les ponts, en jette de nouveaux, élargit des passages qui ne seraient pas assez larges, écarte les obstacles que l'ennemi y aurait accumulés.

L'avant-garde prévient à tout instant le commandant de la colonne de ce qu'elle a observé, de ce qu'elle a appris, en ayant soin de bien faire la différence entre ce que l'on a vu et ce que l'on a entendu dire.

L'avant-garde peut servir à annoncer la nature et la quantité de vivres nécessaires à la colonne qui doit traverser un village, à répandre de faux bruits dans les campagnes, à préparer l'emplacement des bivouacs.

L'avant-garde a encore pour objet de faire des prisonniers, et d'occuper certains points, tels que défilés, etc.

Afin de pouvoir remplir ce but multiple, une avant-garde doit être composée des trois armes: de l'infanterie et de l'artillerie, pour pouvoir résister à l'ennemi et l'arrêter; de la cavalerie pour donner des nouvelles promptes à la colonne en arrière. La cavalerie a encore un autre but, celui d'éclairer la colonne dans un rayon plus étendu, et cette arme est particulièrement propre à ce service, à cause de sa grande rapidité.

En résumé, l'avant-garde a cinq buts bien distincts:

1º Explorer, dans toutes les directions, le terrain que doit suivre le gros, et tenir celui-ci constamment au courant de tout ce qui peut l'intéresser;

2º Aplanir les difficultés qui s'opposent à la marche du gros;

3º Occuper et maintenir le terrain où il doit combattre;

4° Arrêter l'ennemi dans une attaque vigoureuse, et faire assez de résistance pour que le gros puisse prendre ses dispositions de combats ;

5° Dans la poursuite de ennemi, empêcher celui-ci de se fixer.

FORCE ET COMPOSITION DE L'AVANT-GARDE; SA DISTANCE DU GROS.

L'avant-garde se compose généralement du 1/4 ou 1/6 du gros. Le 1/4 pour les petits détachements le 1/5 ou le 1/6 pour des colonnes plus fortes.

Elle ne doit pas être trop forte, pour ne pas diminuer le gros outre mesure, et pour qu'elle soit assez mobile et assez maniable.

Cependant elle ne doit pas être trop faible non plus, pour pouvoir répondre aux conditions énoncées sous les n°s 4 et 5.

L'infanterie et la cavalerie servent à assurer le service de sûreté de la colonne en marche, la première en terrain accidenté et coupé, la seconde en terrain uni, les deux pour résister à l'ennemi.

L'artillerie donne le feu à grande distance et relève par sa présence le moral des troupes.

Elle doit être nombreuse quand on marche à proximité de l'ennemi.

Il est clair que la manière de combattre de l'adversaire et la qualité de ses troupes ont une grande influence sur la composition de l'avant-garde.

Si l'ennemi est très-entreprenant, très-mobile, rapide dans ses mouvements, on doit renforcer l'avant-garde, en augmentant la proportion d'artillerie et de cavalerie.

S'il possède beaucoup de cavalerie, on devra souvent composer l'avant-garde exclusivement de cette arme.

S'il est tenace et opiniâtre, l'infanterie et l'artillerie rendront de meilleurs services à l'avant-garde.

La *force* de l'avant-garde pour 1 bataillon sera de 1/2 à 1 compagnie, avec quelques cavaliers ; pour 1 brigade, elle sera de 2 bataillons et un détachement de cavaliers ; pour 1 corps d'armée de 4 brigades, elle sera de 1 brigade avec la cavalerie et l'artillerie nécessaire ; pour une armée, elle sera généralement d'un corps d'armée.

Souvent on adjoindra un bataillon de carabiniers à l'avant-garde, surtout lorsqu'on aura à traverser un terrain très-accidenté et boisé.

On fera bien d'adjoindre à l'avant-garde :

Un poste télégraphique ;

Un détachement du génie.

Un train de pontonniers, si l'on a à traverser des cours d'eau ;

Un bureau de poste ;

Une section d'officiers topographes ; on devra même y organiser un service des subsistances.

La *distance* de l'avant-garde au gros dépend du terrain, de l'état atmosphérique, de l'éducation militaire et de la présence de l'ennemi.

Généralement on la détermine de manière que la

troupe en arrière ait le temps de prendre une formation de combat, avant que l'avant-garde soit rejetée sur elle ; cette distance correspond à peu près à 1 ou 1 1/2 fois, la profondeur du gros.

Pour une armée, la distance entre l'avant-garde et le gros est généralement une journée de marche.

SUBDIVISIONS DE L'AVANT-GARDE.

Afin d'assurer la sécurité à la colonne et à l'avant-garde elle-même, celle-ci se subdivise en trois parties :

      1° La pointe de l'avant-garde ;
      2° La tête d'avant-garde ;
      3° Le gros de l'avant-garde.

DE LA POINTE DE L'AVANT-GARDE.

La *pointe* de l'avant-garde se compose généralement de trois hommes, et elle marche à 100 ou 200 pas en avant de la tête d'avant-garde (Pl. I et II).

On peut leur adjoindre un sous-officier pour diriger le service.

Deux de ces hommes marchent en avant à même hauteur sur les côtés de la route, le troisième suit à une distance de 50 pas pour relier la pointe à la tête d'avant-garde.

Il a pour objet d'avertir les deux hommes de la pointe, si la tête d'avant-garde s'arrête, de les prévenir du changement de direction dans la marche, etc.

La pointe, composée de soldats prudents, mais courageux et toujours prêts à faire feu, avance d'un pas décidé, l'œil au guet pour découvrir l'ennemi.

Ils doivent rapidement explorer les obstacles du terrain, tels que mamelons, buissons, parcelles de bois, maisons, etc., derrière lesquels l'ennemi peut se cacher.

Ces hommes ne s'exposeront pas inutilement aux vues et aux coups de l'ennemi, mais ils ne doivent jamais, de crainte d'être vus, se priver de la facilité de voir au loin; c'est pourquoi ils se porteront sur les éminences avoisinantes de la route d'où ils peuvent embrasser un vaste horizon.

Pour traverser un chemin creux, l'un d'eux suit le chemin, l'autre marche le long de la crête de l'escarpement.

Les ponts doivent être examinés avec soin pour s'assurer s'ils sont solides. Il ne faut pas négliger de les visiter en-dessous.

S'ils rencontrent une maison, un homme reste au dehors, l'autre y pénètre. On fait sortir l'habitant, et le sous-officier l'interroge.

La maison est ensuite visitée complétement.

Pour reconnaître des bouquets de bois, ou des localités habitées, la pointe de l'avant-garde doit être renforcée.

Elle s'arrête à une centaine de pas de l'objet à examiner, en donne avis à la tête d'avant-garde, si l'obstacle n'a pas été aperçu par celle-ci, et attend l'ordre d'examiner.

Dès que le renfort est arrivé, la pointe se porte

rapidement vers la localité à examiner, et s'empare d'un habitant de la première maison; on l'interroge sur l'ennemi, et on le remet entre les mains de la tête d'avant-garde pour éviter la trahison.

La pointe renforcée reconnaît la lisière du village et les différentes rues.

Dès que le village est reconnu, les soldats chargés de ce service s'établissent à couvert à la sortie du village, et un homme se détache pour en avertir la tête de l'avant-garde.

Si le village est très-étendu, on l'examine plus soigneusement encore.

On reconnaît, la nuit, aux aboiements des chiens, s'il y a du mouvement dans un village.

Même quand on n'entend pas de bruit, il faut procéder à la reconnaissance avec beaucoup de soin.

Les voyageurs et les habitants qui sont rencontrés par la pointe, sont interrogés et amenés à la tête de l'avant-garde.

Ceux qui veulent dépasser la tête de l'avant-garde sont arrêtés.

Dès que la pointe de l'avant-garde rencontre l'ennemi, elle en avertit la tête, l'instruit de sa force, du genre de troupes, de la direction de sa marche et de la distance à laquelle il se trouve.

Si la pointe tombe dans une embuscade, si la cavalerie s'approche dans une allure vive, ou bien si le flanc de la colonne est menacé, la pointe fait feu et signale immédiatement le fait par une estafette.

Tous les avis doivent être transmis avec rapidité,

le rapport doit être court, clair et précis; on doit éviter les exagérations, et par conséquent examiner tout d'un œil calme avant d'envoyer le rapport.

TÊTE DE L'AVANT-GARDE.

Sa force varie du 1/4 au 1/6 de celle du gros de l'avant-garde, qu'elle précède de 300 à 500 pas. Son objet principal consiste à éclairer le terrain de la direction de marche, et d'avoir au plus vite des nouvelles de l'ennemi.

Elle peut être *composée* d'infanterie et de cavalerie.

Si le terrain est uni et plat, la cavalerie précède en éclaireur aussi longtemps que la conformation du terrain le permet, l'infanterie suit en ordre serré. Si au contraire le terrain est accidenté, ce soin incombe à l'infanterie, tandis que la cavalerie marche en arrière. La tête de l'avant-garde règle *la vitesse de sa marche* sur celle du gros, détache au besoin des flanqueurs, comme nous le verrons plus tard, et son chef est responsable de la direction suivie.

Il doit donc, s'il marche sur un terrain qui lui est inconnu, se servir de guides, que l'on peut changer de village en village, s'il y a lieu.

Il fera explorer tous les accidents de terrain propres à cacher une embuscade qui se trouveront sur la direction de marche, ou à proximité.

A cet effet, il aura soin d'envoyer assez à temps

des renforts à la pointe, afin de ne pas arrêter la marche des troupes en arrière.

Si l'on rencontre des bois, des villages, des chemins creux, on les explore, comme nous l'avons dit. Si le rapport ne constate pas la présence de l'ennemi, le commandant de la tête d'avant-garde en occupe l'entrée jusqu'à ce que la troupe principale arrive.

Il se porte ensuite sur la lisière opposée, l'occupe, et si rien de suspect ne se montre, il en donne avis et garde la sortie jusqu'à ce que le gros soit arrivé à la distance de marche primitive.

Les chemins latéraux doivent être explorés par des patrouilles, et leur débouché sera occupé jusqu'à l'arrivée du gros de l'avant-garde.

Si celui-ci s'arrête, la tête s'arrête également ; mais le chef aura soin de se placer sur une position avantageuse, ainsi que la pointe et les flanqueurs.

Dès que l'on rencontre l'ennemi, le commandant de la tête en donne avis au commandant du gros, prend une bonne position couverte d'où il puisse observer l'ennemi sans être vu. Si c'est une patrouille seulement et que les circonstances soient favorables pour l'enlever, on doit le faire, ou bien envoyer contre elle un détachement pour la rejeter, et la tenir éloignée des points d'où elle pourrait observer la direction de la marche.

Si l'ennemi avance en force, et qu'il ait déjà découvert la colonne, le commandant de la tête forme une ligne de tirailleurs bien postée, qui cherchera à maintenir sa position le plus longtemps possible. Contraint de céder au nombre, il se repliera sous les couverts du terrain, vers les flancs de la troupe principale.

Si la tête tombe inopinément sur l'ennemi dans un terrain coupé, elle fait feu et se met sur la défensive. Si l'ennemi cherche à avancer rapidement et que le gros se trouve encore dans une position désavantageuse, le commandant de la tête d'avant-garde s'élance au-devant de l'ennemi avec les troupes qu'il a sous la main, afin de l'arrêter momentanément, et de gagner du temps pour que les troupes en arrière puissent prendre leurs mesures défensives.

Si l'ennemi arrive en masse et qu'il soit impossible de lui résister, il faut au moins annoncer le danger aux troupes en arrière au moyen d'un feu très-vif.

GROS DE L'AVANT-GARDE.

Le gros de l'avant-garde est le soutien des troupes dont nous venons de parler, ainsi que des troupes de flanqueurs.

Le commandant du gros cherchera à conserver toujours la même distance de la colonne principale (300 à 500 pas pour de petits détachements).

A cet effet, les troupes ne devront pas employer à l'exploration du terrain, plus de temps que la prudence n'exige.

Les terrains accidentés étant difficiles à explorer, le commandant du gros devra veiller à ce que les renforts nécessaires soient envoyés à temps sur le terrain à examiner.

Les mauvais pas du terrain doivent être réparés pour le moment où la colonne principale arrive.

Si le rétablissement d'un passage ou d'un pont exige plus de temps et plus de moyens que le chef de l'avant-garde n'en a à sa disposition, il devra en donner immédiatement avis à la colonne principale, et requérir au besoin, dans les villages environnants, des ouvriers, des outils, etc., et couvrir le travail par une disposition défensive.

Si la troupe principale s'arrête, l'avant-garde prend une bonne position. Le chef veillera à ce que la tête et la pointe occupent de bons postes d'observation.

Avant de passer un défilé, le gros de l'avant-garde s'arrête à une distance convenable et attend que la tête en ait terminé la reconnaissance.

Dès que le défilé est exploré, le gros de l'avant-garde le passe rapidement, en occupe la sortie, et au besoin envoie de petits détachements pour garder les routes latérales.

Elle attend dans cette position jusqu'à ce que la troupe principale approche.

Si la marche doit être continuée, elle se fait dans l'ordre primitif.

Dès que l'ennemi est annoncé, le gros de l'avant-garde prend position, à moins qu'elle ne doive gagner l'ennemi de vitesse dans l'occupation d'un point important tel qu'un défilé, un pont, une hauteur, la lisière d'un bois, etc.

En cas d'attaque, les circonstances décideront si le

commandant du gros doit faire renforcer la tête pour repousser l'ennemi, ou bien s'il doit retirer les troupes détachées, pour accepter le combat dans la position qu'il aura occupée.

Arrière-garde.

Dans une marche en avant, l'arrière-garde a pour objet d'assurer la police de la marche, c'est-à-dire de ramasser les malades, les traînards, les maraudeurs, d'escorter les voitures, etc., et en outre de couvrir les derrières de la colonne, et de la garantir contre une surprise.

L'arrière-garde se subdivise encore en trois parties:
1º Le gros de l'arrière-garde ;
2º La tête   id.
3º La pointe   id.

Ces trois détachements marchent dans un ordre inverse de ceux du même nom composant l'avant-garde.

Les distances entre ces différentes troupes seront un peu moindres que pour celles de l'avant-garde.

Le commandant de l'arrière-garde se tient en relation continuelle avec la colonne principale et les flanqueurs. Si la colonne s'arrête, l'arrière-garde en fait autant et fait front en arrière.

Les prescriptions données pour l'avant-garde peuvent lui être appliquées en partie.

Dans une *marche en retraite*, l'arrière-garde a un rôle fort important et fort difficile à jouer.

Elle se compose généralement du 1/3 au 1/4 de la troupe principale, comprend les trois armes et est formée des meilleures troupes.

La cavalerie doit y dominer, et l'artillerie à cheval ou des batteries montées légères y sont d'un bon emploi.

Il est souvent utile d'adjoindre à l'arrière-garde un bataillon de carabiniers, et un détachement de pionniers.

Pour un corps d'armée, une arrière-garde pourrait se composer de :

      2 à 3 régiments de cavalerie,
      2 batteries à cheval,
      1 brigade d'infanterie,
      1 bataillon de carabiniers.

Sa distance du gros varie suivant sa force, le terrain et le temps que l'on veut gagner.

Pour de grandes arrière-gardes, elle peut être de 1 1/2 à 2 lieues.

La mission de l'arrière-garde, devient d'autant plus difficile que l'ennemi la presse avec plus de vigueur.

Elle doit l'observer, en avoir constamment des nouvelles et le combattre au besoin.

Mais elle n'accepte le combat que quand elle ne peut l'éviter.

Au besoin l'arrière-garde doit se sacrifier pour sauver le gros de la colonne.

Le *commandant de l'arrière-garde* doit être prudent et courageux.

Il doit avoir beaucoup de sang-froid, et posséder l'art difficile de savoir arrêter, par des chocs offensifs l'allure rapide de l'ennemi; il doit savoir avancer avec prudence et au besoin accélérer sa marche pour pouvoir se dérober.

S'il commet la faute de vouloir défendre pied à pied le terrain, il sera vite accablé par les forces supérieures de l'ennemi, mais, s'il sait se dérober à temps, et s'il sait attendre l'ennemi dans une bonne position où il puisse l'arrêter quelques heures, il gagnera du temps et favorisera ainsi la marche du gros.

Dans les succès, le commandant de l'arrière-garde ne doit pas se laisser entraîner à la poursuite : son but est d'arrêter l'ennemi, il ne doit jamais oublier son rôle.

Le départ de l'arrière-garde doit, aussi longtemps que possible, rester caché à l'ennemi.

Elle cherchera à occuper d'avance les points importants du terrain, tels que défilés, ponts, etc., avec de l'infanterie intacte et de l'artillerie.

Si l'ennemi poursuit, l'arrière-garde choisit une bonne position, un terrain coupé, en profitant de tous les obstacles qu'il présente, pour retarder la marche de l'adversaire.

Elle se postera derrière des défilés pour le combattre, fera sauter des ponts, rendra les routes inaccessibles au moyen de coupures, d'abatis, organisera rapidement la défense des villages, qu'elle pourra même incendier, si l'ennemi doit forcément y passer.

L'arrière-garde marchera ainsi de position en position, et rompra le combat, chaque fois que l'adversaire aura la supériorité numérique.

Dans un terrain ouvert, elle doit éviter le combat d'infanterie en ordre serré et ne faire que de rapides retours offensifs. Il faut qu'elle ne reste ni trop loin du gros, ni qu'elle se laisse rejeter sur lui.

Le moment où l'arrière-garde doit rompre le combat et commencer sa retraite, coïncide avec l'arrivée du gros de l'adversaire sur sa position pour s'y déployer.

Dans un terrain uni, l'infanterie et l'artillerie montée commencent la retraite. L'artillerie à cheval et la cavalerie arrêtent le plus longtemps possible les colonnes ennemies.

Dans un terrain coupé, la cavalerie se retire d'abord tandis que l'infanterie et l'artillerie arrêtent l'adversaire.

L'arrière-garde est donc continuellement en contact avec l'ennemi, et son plus grand soin sera d'éviter d'être tournée. La tête d'arrière-garde aura la mission spéciale de veiller à la sécurité des flancs.

Si elle était entourée par l'ennemi, l'arrière-garde se ferait jour à travers.

En cas d'arrêt de la colonne principale, l'arrière-garde prend une bonne position, soit derrière un défilé, sur la lisière d'un bois, soit sur une portion de terrain propre à la défense, un cours d'eau, etc.

Elle mettra un soin particulier à bien appuyer ses flancs dans cette position.

Dès que l'arrière-garde est arrêtée, elle envoie des patrouilles au devant de l'ennemi.

La colonne principale doit soutenir l'arrière-garde en envoyant des soutiens aux points les plus menacés.

L'arrière-garde cherchera à tendre des embuscades sur les flancs de l'ennemi.

Si l'embuscade est découverte, on doit néanmoins attaquer l'ennemi brusquement.

Quand l'arrière-garde se rapproche d'un défilé, elle doit faire un vigoureux retour offensif, le passer, le mettre en état de défense, le barrer.

Ce serait le moment de relever l'arrière-garde, dont le service est très-fatigant.

Flanqueurs.

Les flanqueurs ont pour but :

1º De parcourir et de visiter le terrain à droite et à gauche de la direction de marche, dans un certain rayon;

2º D'empêcher l'approche des patrouilles ennemies qui voudraient reconnaître et inquiéter la colonne pendant la marche;

3º De signaler la marche de l'ennemi en position ou en marche sur les flancs de la colonne, assez à temps, pour que la colonne puisse prendre ses dispositions de combat.

Suivant le terrain, la direction dans laquelle on

attend l'ennemi et la force de la colonne, le flanqueurs sont fournis:

1º Par des détachements de l'avant-garde et de la colonne principale;

2º Par des patrouilles;

3º Par des flanqueurs doubles.

Le détachement envoyé par l'avant-garde (voir planche II, côté gauche de la colonne) reste à peu près à la même hauteur que la tête d'avant-garde dont elle est éloignée de 400 à 500 pas.

Il a une pointe et des flanqueurs en nombre suffisant pour explorer le terrain.

L'aile de cette disposition se tient un peu en arrière.

Le service des flanqueurs est le même que celui de la tête d'avant-garde.

Les chemins latéraux seront examinés par quelques hommes (voir planche III).

Les détachements de flanqueurs le long de la colonne principale, s'emploient quand on doit se couvrir contre des partis de l'ennemi ou contre les habitants insurgés.

Ces flanqueurs sont répartis de manière qu'il y ait une liaison parfaite entre l'avant-garde et l'arrière-garde (P. II, côté droit).

Les détachements se tiennent toujours à la hauteur de la fraction de troupes qui les envoie, et ne doivent jamais être séparés d'elle par un obstacle infranchissable.

Les chemins occupés par les détachements précédents doivent l'être successivement par tous.

7.

Les détachements de flanc chercheront à éviter le passage d'un village, d'un bois, d'un chemin creux, etc. mais ils exploreront et observeront le terrain extérieur à l'obstacle.

Au passage de ponts, de routes dans des forêts impénétrables, dans des chemins creux dont on ne peut escalader les escarpements, les détachements de flanqueurs se joignent à la troupe pour reprendre leur service au delà de l'obstacle.

La perte de temps qui résulte de la marche à travers un terrain difficile ou par suite de routes latérales qui font un détour, doit être rattrapé par une accélération de marche.

Si l'ennemi attaque, les détachements de flanqueurs auront pour objet principal d'observer les mouvements de l'ennemi, d'informer rapidement du danger le chef de la fraction de troupes à laquelle ils appartiennent, de résister à l'ennemi, de secourir les détachements voisins.

Ces détachements s'arrêtent en même temps que la colonne et font front au dehors.

Comme leur service est extrêmement fatigant, on pourrait les relever pendant ce temps.

Si l'ennemi attaque, ils fournissent une résistance vigoureuse (voir avant-garde, p. 71, 73 et 75).

Pendant le combat de l'avant-garde, les flanqueurs restent en place et observent l'ennemi, à moins que des ordres émanés de la colonne principale ne les fassent rentrer.

Les *patrouilles de flanqueurs* peuvent être employées :

1º Si la colonne n'est pas flanquée par des détachements et que certaines parties du terrain, tels qu'une suite de hauteurs, un bois ou d'autres points, doivent être observés pendant un certain temps.

Dans ce cas, on envoie des patrouilles à une distance de 300 à 400 pas sur le flanc de la colonne.

Elles restent constamment à la hauteur de la fraction qui les détache, et se font précéder d'une pointe et de flanqueurs.

2º Si on veut conserver la liaison tactique entre deux colonnes qui marchent sur deux routes parallèles.

Ces patrouilles restent constamment au milieu de l'intervalle, et se couvrent par une pointe et des flanqueurs, qui s'étendent assez loin pour établir la liaison avec les pointes d'avant-garde des deux colonnes.

Si l'une des colonnes est forcée de s'arrêter pendant un temps assez long, ou bien si elle est attaquée par l'ennemi, la patrouille en donne immédiatement avis. Si l'ennemi cherche à pénétrer entre les deux colonnes, la patrouille fait une résistance énergique et annonce le danger au moyen d'un feu très-vif.

3º On emploie encore des patrouilles, lorsqu'on veut plus vite recevoir des nouvelles de l'ennemi. Ces patrouilles peuvent se porter à 1/2 ou 1 lieue même sur les flancs de la colonne. (Pl. II, côté gauche).

Le chef d'une pareille patrouille doit, avant son départ, se faire instruire jusqu'à quelle distance il peut s'écarter, quels sont les points du terrain à examiner, quelle est la direction de marche de la colonne, quels sont les endroits où elle s'arrêtera quelque temps, et où il doit la rejoindre.

Pendant sa marche, il se fait éclairer, et envoie de temps en temps de petites patrouilles vers la colonne principale pour voir ce qui s'y passe.

Des événements de quelque importance seront immédiatement transmis à la colonne.

En cas d'attaque, la patrouille cherche à arrêter l'ennemi en occupant un défilé, un pont, jusqu'à ce que la colonne principale ait passé ou qu'elle ait pris ses dispositions défensives.

Le *nombre, la force et la composition* des patrouilles et des détachements de flanqueurs dépendent du terrain, et on les compose de cavalerie, si c'est possible.

Les patrouilles de flanqueurs acquièrent une grande importance dans les marches de flanc.

Elles y jouent le rôle des avant-gardes.

Leur emploi est encore très-recommandable pour couvrir la marche d'un convoi, qui se meut le long de défilés que ces patrouilles auront à occuper.

Lorsque la colonne est faible, elle se couvre au moyen de *flanqueurs doubles* en nombre suffisant pour assurer la sécurité de la colonne sur les flancs exposés (1). (Pl. I.)

---

(1) Les flanqueurs manœuvrent comme les tirailleurs, sauf que plusieurs sous-officiers spécialement désignés marchent un peu en arrière de la ligne avec 2 à 3 hommes et forment ainsi des petits soutiens pour les parties de la ligne les plus exposées ou les plus éloignées.

Du service des avant-postes.

BUT DES AVANT-POSTES. — LEUR COMPOSITION. — LEUR EMPLACEMENT. — DISTANCE A OBSERVER. — Pl. IV.

Nous venons d'examiner les mesures de sûreté à prendre par une troupe en marche.

Cette troupe prend position, le soir, dans un camp, dans un bivouac, ou dans un cantonnement, et dans chacun de ces cas, elle s'entoure de nouvelles précautions, qui consistent à mettre entre le gros de la troupe et l'ennemi un cordon de sûreté, afin de la garantir contre une attaque subite et de la laisser se reposer (1).

(1) Le 29 août 1870, les troupes du 5e corps d'armée étaient arrivées le matin même, entre 4 et 7 heures, devant le village de Beaumont, après une marche de nuit longue et fatigante, et y avaient dressé leur camp.

Les troupes prussiennes étaient à la piste de l'armée française, et tout prouvait que les deux armées allaient en venir rapidement aux mains. Le général de Failly lui-même en était tellement convaincu, que le 29 au soir, en faisant rendre compte au maréchal Mac-Mahon des événements de la journée, il lui demandait secours en cas d'attaque.

Eh bien, c'est dans ces conditions que ce corps, poursuivi depuis deux jours, qui a livré la veille un combat de 4 heures (Bois-les-Dames), va établir son camp tout autour d'un village, sans la moindre grand'garde de cavalerie, sans même de petits postes d'infanterie. Il y a au front de bandière un factionnaire comme au camp de Châlons.

A midi, ce corps est attaqué, sans que la présence de l'ennemi

De petits corps qui peuvent être facilement tournés et attaqués à revers, s'entourent d'un cordon de sureté, dont la force peut, suivant le terrain, varier de 1/3 ou 1/4 de la troupe principale.

Les grands corps de troupe ne se gardent généralement qu'en front et sur les flancs, à moins de circonstances exceptionnelles.

Le *but* des avant-postes est :

1° D'observer l'ennemi et de signaler son approche;

2° De le repousser, s'il attaque, ou bien de l'arrêter assez longtemps, pour que les troupes en arrière aient eu le temps de prendre leurs dispositions de combat.

On satisfait à ces conditions en occupant le terrain en avant de la position et en envoyant des patrouilles dans la direction de l'ennemi.

Ces avant-postes sont fournis dans une marche en avant par l'avant-garde, dans une marche en retraite par l'arrière-garde, ou sont au moins placés sous leur protection.

Le service des avant-postes se fait par l'infanterie et par la cavalerie.

Les principes à observer pour leur emploi sont les mêmes que ceux prescrits pour le service de sûreté des troupes en marche.

---

ait été le moins du monde signalée. Le combat se livre au milieu d'un désordre qu'on ne peut se figurer, et le 5ᵉ corps est mis dans une déroute complète.

(*La Campagne de* 1870, par un officier de l'armée du Rhin.)

Pour assurer le service des avant-postes, il faut :

1° Un cordon de sentinelles ;
2° « de petits postes ;
3° « de grand'gardes.

Pour augmenter la sécurité, pour mieux observer au loin, les grand'gardes et les petits postes organisent un service de patrouilles, qui parcourent le terrain en avant et entre le cordon de sûreté.

Outre ces dispositions, le terrain exige quelquefois l'envoi en avant de postes détachés, et de postes d'examen (1).

Quand la distance entre le corps principal et les grand'gardes est considérable, on établit des postes de soutien qui sont composés d'infanterie et souvent d'artillerie.

Ces postes sont facultatifs dans notre armée et réglementaires dans les armées allemandes.

La ligne de sentinelles est formée par un cordon continu de sentinelles simples ou doubles, disposé de manière que personne ne puisse entrer ou sortir du cordon sans être vu.

Comme les sentinelles ont simplement pour but d'observer, on ne doit en placer que le strict nécessaire.

Il est bon d'établir le cordon sur un terrain élevé, en lisière d'un bois, le long d'une rivière, et doit être

---

(1) Dans quelques armées on a encore, en arrière des grand'-gardes, des postes appelés *replis* et des *piquets*.

appuyé, à droite et à gauche, à des obstacles, tels que marais, lacs, rochers, etc.

Les sentinelles ne doivent pas être découvertes par l'ennemi ; à cet effet on les place derrière un obstacle du terrain.

Si elles ne trouvent pas de couvert au lieu de leur emplacement, elles s'en créeront, en faisant une petite levée de terre (embuscade ou abri), derrière laquelle elles peuvent se cacher.

Les sentinelles doivent, en outre, découvrir le terrain jusqu'aux sentinelles voisines.

L'expérience prouve que la distance entre deux sentinelles consécutives ne doit pas dépasser 300 pas, pour que le service puisse se faire convenablement.

Toutefois, comme ce service d'observation est très fatigant, on aura soin de faire entrer dans la ligne des sentinelles des parties de terrain inaccessibles tels que prairies marécageuses, lacs.

Pendant la nuit, on renforce le cordon de sentinelles : les endroits qui, le jour, étaient convenables à leur emplacement, ne le sont plus pendant la nuit.

Ainsi les sentinelles placées sur les hauteurs descendent au pied de la colline, d'où elles voient se dessiner sur le ciel ceux qui passent la crête.

D'un autre côté, comme pendant la nuit on doit plutôt écouter que voir, il faut éviter de placer les sentinelles en des endroits voisins de moulins à eaux, moulins à vent, de barrages, d'une rivière qui coule sur un lit rocailleux ou de graviers, dont le bruit empêcherait d'entendre.

Il est avantageux que les sentinelles soient vues de jour par les petits postes. Mais comme cet avantage ne peut pas toujours être réalisé, on doit avoir soin de ne jamais les éloigner au-delà de la distance d'où on peut encore entendre le bruit d'un signal convenu, et au maximum, à la distance d'où l'on entend parfaitement la détonation du fusil.

Si des circonstances obligent de poser des sentinelles trop loin, on les relie au petit poste au moyen d'un poste intermédiaire, qui voit la sentinelle et le petit poste.

Les sentinelles *sont relevées* toutes les deux heures, et par les temps de pluie ou de froid rigoureux, toutes les heures.

Les *petits postes* se trouvent à une distance de 200 à 300 pas en arrière du cordon de sentinelles.

Cette distance varie avec le terrain et les circonstances dans lesquelles on se trouve.

Le *terrain à surveiller* par un petit poste ne doit pas être trop étendu. 1,000 mètres suffisent, et pour peu que le terrain soit accidenté, cette distance est encore trop grande.

En un mot, il vaut mieux les multiplier, et cependant avoir soin de ne pas les faire inférieurs à 30 ou 40 hommes.

Voici quelle pourrait être la composition d'un petit poste :

3 ou 4 sentinelles doubles	18 à 24	hommes.
1 devant les armes	3 à 3	"
Hommes pour le service des patrouilles	8 à 10	"
Sous-officiers	3 à 4	"
Clairon	1 à 1	"
	33 à 42	hommes.

L'emplacement du petit poste doit être choisi, pour la facilité du service, derrière le milieu de sa ligne de sentinelles.

Cependant cet emplacement n'est pas absolu.

Le petit poste doit être placé à couvert, mais de manière qu'il puisse se mouvoir dans tous les sens. Le terrain doit couvrir sa retraite.

Un petit poste d'infanterie est par conséquent mal placé dans un défilé ou dans un terrain complétement découvert.

Son emplacement doit encore répondre à la condition, que le petit poste puisse se défendre facilement. Ainsi le débouché d'un village, un bouquet de bois, un pont, présentent des endroits convenables.

On ne doit jamais les placer dans les maisons, fermes, etc.

Les petits postes doivent avoir des communications assurées avec les sentinelles et avec leur grand'garde, et il est avantageux de trouver à portée de leur emplacement un endroit d'où l'on puisse parcourir des yeux le terrain environnant.

Dans certaines circonstances, les petits postes changent de position la nuit. Ils se retirent alors vers la grand'garde et se placent en un point où l'ennemi devra forcément passer.

Comme le cordon de sentinelles se rétrécit dans ce mouvement de retraite, il n'est pas nécessaire de le renforcer.

La *distance* des petits postes à la grand'garde doit être fixée de manière que d'un côté, l'envoi de secours soit possible; d'un autre côté, que la grand'garde puisse se mettre en état de défense en cas d'attaque subite des petits postes; 4 à 500 mètres seront une distance convenable, d'autant plus qu'il faut compter sur une certaine résistance des petits postes.

Le terrain peut présenter, en avant de la ligne des sentinelles, des points où l'ennemi devra forcément passer pour attaquer la position, et qui sont trop éloignés pour étendre le cordon jusque-là.

Dans ce cas, le commandant du petit poste peut y envoyer un sous-officier avec un nombre d'hommes convenable, pour observer de là le terrain et les mouvements de l'ennemi.

Ce sous-officier fera parcourir le terrain environnant par des patrouilles.

Les *grand'gardes* fournissent les petits postes et leur servent de soutien.

Généralement il y aura une grand'garde par 2 à 3 petits postes.

La grand'garde n'a pas pour objet de surveiller le terrain.

Elle doit observer, combattre, et rester maîtresse de certains points forts du terrain.

La force des grand'gardes se détermine d'après le nombre de petits postes qu'elles doivent fournir. On adjoint généralement quelques cavaliers aux grand'-gardes pour le service d'estafettes.

L'*emplacement* de la grand'garde dépend du terrain. Elle doit être soustraite à la vue de l'ennemi, être placée aux nœuds des communications pour en rester maître.

Les meilleurs emplacements sont les défilés, bouquets de bois, villages, carrefours, etc.

La distance des grand'gardes au corps principal dépend de la force de ce corps et de la nature du terrain.

A ce sujet on doit observer qu'il faut à un corps en station, un certain temps pour prendre les armes, (monter à cheval) et prendre des dispositions de combat.

De plus, les grand'gardes mettent également un certain temps à bien reconnaître les intentions de l'ennemi et à en informer les troupes en arrière.

D'après ces considérations, on a fixé la distance des grand'gardes au gros, en terrain ordinaire :

A 2,000 m. pour une division d'infanterie ;

A 3,000 m. pour un corps d'armée ;

A 4, 5 ou 6,000 m. pour une armée.

Quand le terrain le permet, on peut encore faire entrer dans la composition des avant-postes des *grand'gardes de cavalerie*. Elles auront pour objet de surveiller le terrain au loin.

Les grand'gardes ont généralement deux emplacements, un de jour et un de nuit. Celui de jour est en avant de la ligne des sentinelles, celui de nuit, en arrière de cette ligne.

POSTES DE SOUTIEN.

Les postes de soutien sont établis en des points importants du terrain en arrière des grand'gardes, lorsque celles-ci sont trop éloignées du corps principal.

Ils ont pour objet d'assurer la retraite des grand'-gardes, ainsi que celle des petits postes et des sentinelles.

Aussi les met-on généralement aux pas difficiles que les grand'-gardes ont à franchir, tels que débouché d'une vallée, d'un bois, un nœud de plusieurs communications, gorges, défilés et ponts.

Leur *composition* comporte généralement de l'infanterie et de l'artillerie, une à 2 pièces, suivant l'importance du poste.

L'artillerie doit toujours être prête à faire feu, et elle doit continuellement exercer la plus grande surveillance pour ne pas se laisser surprendre.

La cavalerie des grand'gardes vient s'adjoindre à ces postes, dès que celles-ci sont repliées. De cette manière le commandant a, au moment de l'attaque, les trois armes sous la main.

Ces postes constituent les postes extérieurs d'une position. Ils sont commandés par l'officier supérieur de jour ou de semaine, ou par le commandant des avant-postes.

POSTES D'EXAMEN. — Pl. IV.

En arrière de chaque route qui passe à travers le cordon des sentinelles, on placera un poste d'examen, dont le chef interrogera toutes les personnes qui demandent à passer le cordon.

Ce poste doit être établi dans un endroit couvert. Le chef reçoit du commandant du petit poste, dont il dépend, des ordres détaillés et des pouvoirs.

Dès que la sentinelle signale des personnes, elle en avertit le chef du poste d'examen, qui se transporte avec sa troupe à hauteur de la sentinelle, fait apprêter les armes à ses soldats et ordonne à une seule personne d'approcher.

S'il ne découvre rien de suspect, et si, d'après les ordres reçus, il peut permettre le passage, il en donne l'autorisation. Toutefois il en avertit le chef du petit poste.

Si les personnes lui paraissent suspectes, il en fait conduire une au petit poste et fait observer celles qui les accompagnent sans les laisser échapper.

Les deserteurs doivent mettre bas les armes, et s'ils sont nombreux, on les conduira par petits détachements au petit poste et de là à la grand'garde.

Dispositions générales concernant les avant-postes. — Pl. IV.

Le nombre, la force et le placement des grand'-gardes sont réglés par les généraux de brigade, et, dans un corps détaché, par l'officier qui commande ce corps.

Le service par brigade est avantageux, parce qu'il imprime à ce corps, l'esprit d'unité qui lui est si nécessaire.

Indépendamment de la surveillance active exercée sur les grand'gardes par les officiers généraux commandants de divisions ou de brigade, et par tout commandant de corps détaché, leur placement et la direction de leur service sont spécialement confiés, dans chaque régiment, au colonel et au lieutenant-colonel, et en l'absence de ce dernier, à un commandant de bataillon ou d'escadron, secondé, s'il en est besoin, par les adjudant-majors.

On ne peut déterminer théoriquement la quantité de troupes à employer pour le service des avant-postes.

La force du cordon dépend :

1º Du terrain ;
2º De la distance à l'ennemi ;
3º De la plus ou moins grande fatigue du gros ;
4º De l'état moral des soldats.

Von Griesheim admet que, pour couvrir un terrain d'une étendue de 10,000 pas, il faut au moins :

8 petits postes d'infanterie à 60 hommes,
8   „   de cavalerie à 10 chevaux,
4 grand'gardes d'infanterie à 100 hommes,
2   „   de cavalerie à 60 chevaux.

Soit 880 hommes d'infanterie et 200 cavaliers.

D'après ces données, un détachement de 1 bataillon et d'un escadron assurera seulement la sécurité d'une troupe sur une étendue de 2,000 à 3,000 pas.

La distribution des troupes sur le terrain doit se faire de manière, que les unités tactiques, tels que compagnies, bataillons, escadrons, soient placées suivant la profondeur, et non suivant la largeur du cordon.

Ainsi, pour l'exemple cité plus haut, une compagnie formera 2 à 3 petits postes de 60 à 40 hommes et une grand'garde de 100 hommes, afin que la disposition soit conforme à la formation de bataille en colonnes de compagnie.

Il est évident que pour notre organisation, ces chiffres doivent être modifiés proportionnellement.

L'instruction pour établir les avant-postes doit contenir :

1° La ligne que doivent occuper les sentinelles, ainsi que les points d'appui ;

2° Pour chaque petit poste, à désigner par un numéro ou par le nom d'une localité, etc., la fixation du rayon d'activité que devront parcourir les patrouilles;

3º La force, la composition et l'emplacement de ces postes;

4º La force, la composition et l'emplacement des grand'gardes;

5º La force et la composition des postes de soutien (s'il y a lieu);

6º Les dispositions à prendre pour la nuit.

Cette instruction doit être courte, claire et précise et être faite rapidement à l'inspection d'une carte, sans reconnaissance préalable, car on aura rarement le temps d'en faire une.

Chacun des commandants des postes notera ce qui le concerne particulièrement.

S'il s'agissait de prendre en grande hâte les dispositions de sûreté, le commandant des avant-postes indiquerait à chaque compagnie une partie du terrain à occuper, en prescrivant les mesures de sûreté générale, ainsi que l'emplacement de la grand'garde, en laissant aux commandants de compagnie le soin de déterminer l'emplacement des petits postes, et d'établir la liaison avec les petits postes voisins (1).

---

(1) Cette manière de procéder sera, en général, celle employée à la guerre. Il est donc important de la rendre familière aux troupes; les exercices pourraient surtout être faits en hiver, où, par les temps de gelée, on peut marcher sur les terrains cultivés.

On peut même gagner du temps en organisant les avant-postes de cette façon, car aussitôt que la portion du terrain qu'ils

Souvent le cordon d'avant-postes se place sous la protection de l'avant-garde.

Si cela n'était pas, on devrait envoyer dans la direction de l'ennemi des patrouilles, même des reconnaissances, pour empêcher celui-ci de reconnaître l'emplacement des différents postes. Ces reconnaissances ou patrouilles seront envoyées par les grand'-gardes.

Dès que toutes les dispositions de sûreté sont prises, le commandant de la brigade les examine dans tous ses détails, donne aux différents postes des instructions particulières, les change de place, augmente ou diminue leur force, s'il y a lieu, et détermine la position de nuit à prendre.

Il se tient en relations avec tous les postes, au moyen d'estafettes qui apportent les rapports.

S'il ne reçoit pas des nouvelles de l'ennemi, il envoie le matin de fortes reconnaissances ou des patrouilles dans la direction de l'ennemi.

Les troupes logées en arrière doivent en être informées, afin de leur éviter toute alarme inutile.

DU COMMANDANT DE LA GRAND'GARDE.

Un des officiers supérieurs de la brigade est désigné pour prendre le commandement des grand'-

---

doivent surveiller leur est désignée, elles peuvent se rendre à leurs emplacements respectifs sous la conduite du plus ancien officier de la compagnie, pendant que le commandant de la compagnie attend des ordres détaillés.

grand'gardes, lorsque leur nombre le fait juger nécessaire. Il s'établit au poste indiqué par le général.

Le commandant de la grand'garde reçoit des instructions du général de brigade.

Ces instructions portent :

1º Sur le chemin à prendre et le terrain à occuper ;

2º Sur l'emplacement des postes voisins et sur le nom de leurs commandants ;

3º Sur la force, le nombre et l'emplacement des petits postes ; ou bien, si ce soin incombe au commandant de la grand'garde, l'instruction portera sur la direction générale et l'étendue du cordon des sentinelles ;

4º Sur les points importants du terrain ;

5º Sur la position de l'ennemi et la direction dans laquelle on l'attend ;

6º Sur l'organisation du service de patrouilles et le degré de vigilance à observer ;

7º Sur la manière de placer les différents postes et les sentinelles pendant la nuit ;

8º Sur les circonstances dans lesquelles on peut allumer des feux ;

9º Sur la manière de faire subsister les hommes ;

10 Sur la conduite à tenir en cas d'attaque, le degré de résistance à fournir, sur la direction de la retraite et sur celle dans laquelle viendront les secours.

Outre ces dispositions générales, le commandant d'une grand'garde doit avoir une connaissance exacte de l'organisation du service des avant-postes et de la position des postes de soutien.

Les commandants de grand'gardes doivent avoir sur eux du papier, un crayon, une montre, une lunette d'approche, et autant que possible une bonne carte du pays.

En se rendant à son emplacement, la troupe marche en s'entourant des mesures de précaution prescrites; de plus, les différentes grand'gardes seront reliées entre elles au moyen de patrouilles.

Pendant la marche, le commandant examinera le terrain, afin de découvrir les positions qu'il y aurait lieu de prendre en cas de retraite.

Arrivé sur l'emplacement à occuper, il prend position, et envoie des patrouilles dans toutes les directions pour explorer le terrain.

Le commandant de la grand'garde reconnaît le terrain au point de vue de l'établissement des petits postes. Il indique les points à occuper, donne à chaque commandant de petit poste le nombre d'hommes nécessaires, qui se portent à leurs emplacements, après avoir reçu l'instruction.

La grand'garde reste sous les armes jusqu'à ce que les petits postes et les sentinelles soient placées et que les patrouilles soient rentrées.

Une sentinelle est placée devant les armes, et plusieurs autres, suivant la conformation du terrain, peuvent entourer la grand'garde.

Le soir et le matin, la garde reste sous les armes jusqu'à la rentrée des patrouilles.

Le commandant de la grand'garde doit s'occuper immédiatement de la mise en état de défense de son poste. Il divise ses hommes pour la défense, et leur enseigne la conduite à tenir en cas d'attaque de l'ennemi.

Le commandant de la grand'garde fera bien de dessiner un croquis indiquant l'emplacement des petits postes sous ses ordres, celui des sentinelles, des postes voisins, et la circonscription dans laquelle marchent ses patrouilles.

La rédaction des rapports qu'il envoie au commandant des avant-postes, gagnera par là en clarté.

Ces rapports contiennent le résumé des rapports envoyés à la grand'garde par les petits postes, ainsi que les renseignements particuliers du commandant de la grand'garde, recueillis, soit dans les reconnaissances faites par ses patrouilles, soit en interrogeant des voyageurs, des paysans, des déserteurs, des espions, etc.

Si les petits postes doivent changer de position la nuit, le commandant de la grand'garde doit s'assurer, par des patrouilles, si le mouvement s'est effectué à l'heure indiquée.

Le commandant de la grand'garde peut changer l'emplacement des petits postes et des sentinelles, après examen préalable, en envoyant avis du changement au commandant des avant-postes avec les raisons à l'appui. Les déserteurs ennemis, qui sont amenés à la grand'garde par les petits postes, doivent être immédiatement envoyés au commandant des avant-postes.

Pendant qu'on relève les petits postes, la grand'-garde doit rester sous les armes.

Les prescriptions générales à faire aux grand'gardes peuvent se résumer de la manière suivante :

1º Les grand'gardes ne rendent pas d'honneurs, et doivent prendre les armes sans bruit et sur un signe ;

2º La garde ne doit pas faire du bruit ;

3º Les gardes ne font pas de feu, à moins que le commandant des avant-postes ne les y autorise. (Voir § 92 du service des armées en campagne) ;

4º Pendant la journée, les hommes se reposent par moitié ;

5º Pendant la nuit, tous les hommes doivent être prêts à prendre les armes.

Si la garde entend un bruit extraordinaire, de coups de fusil dans le cordon de sureté, elle prend les armes.

CONDUITE A TENIR EN CAS D'ATTAQUE.

Le commandant du poste cherche à s'éclairer sur la situation, soit en faisant lui-même une reconnaissance, soit en envoyant une patrouille dans la direction présumée de l'attaque. Dès qu'il a acquis la conviction que l'ennemi attaque, il en donne avis au commandant des avant-postes.

Il prend toutes les dispositions pour la défense, et se porte sur un point d'où il puisse reconnaître la direction que suit l'ennemi, ainsi que sa force.

Les petits postes, s'ils se sont repliés, seront ou bien placés sur les flancs de la grand'garde, ou bien ils seront rassemblés près de la réserve suivant les circonstances.

La grand'garde fait assez de résistance pour permettre aux troupes en arrière de prendre leurs dispositions défensives, et elle se replie, quand elle ne peut plus tenir sa position ou qu'elle est menacée d'être coupée. Si l'attaque n'est qu'une reconnaissance, et que l'ennemi se retire après avoir obtenu ses renseignements, les avant-postes ne peuvent pas le poursuivre.

Dans le cas où une grand'garde devrait se maintenir dans une position importante, elle doit faire tous ses efforts pour y réussir, et prendre à l'avance toutes les dispositions défensives pour atteindre son but.

SERVICE DES PETITS POSTES.

L'officier commandant un petit poste reçoit son instruction du commandant de la grand'garde ou des avant-postes. Après avoir reçu les ordres nécessaires, le commandant du petit poste se porte sur le terrain qu'il doit surveiller, en prenant toutes les mesures de sûreté usitées.

Pendant la marche, il fait déjà la reconnaissance du terrain en se portant sur des points qui lui permettent de voir au loin.

Arrivé à l'endroit où il doit établir son poste, il y laisse la moitié de ses hommes sous les ordres d'un sergent, et, sous la protection d'une patrouille, se porte avec le reste en avant pour placer les sentinelles.

Le commandant du petit poste doit, pendant cette opération, s'appliquer :

1º A établir la liaison avec les postes voisins ;

2º A établir les sentinelles suivant la conformation du terrain, et à ménager ses forces.

La force des petits postes est calculée à raison de 3 hommes par sentinelle, donc 6 par sentinelle double, plus un certain nombre d'hommes pour le service des patrouilles;

3º A donner une instruction spéciale à chaque sentinelle.

Cette instruction consiste à faire connaître à chacune d'elle le nº du petit poste et de la grand'-garde, la direction dans laquelle se trouve l'ennemi; le nom des villages, rivières, fleuves en vue; la direction des routes, d'où elles viennent, où elles conduisent.

Si on ne connaît pas le nom de ces objets, comme cela arrive en pays ennemi, il faut les désigner par des lettres.

La sentinelle doit en outre connaître l'emplacement des sentinelles voisines et celui du poste d'examen, celui du petit poste et de la grand'garde, et le plus court chemin pour les rejoindre.

La patrouille qui protége la pose des sentinelles se porte sur une hauteur en avant du front, d'où elle découvre le terrain environnant, ou bien, si le terrain est uni, elle se porte à une centaine de pas en avant, et marche parallèlement au front et à hauteur des sentinelles que l'on pose.

Quand l'opération est terminée, l'officier fait rentrer la patrouille et retourne à l'endroit primitif pour y choisir l'emplacement définitif du poste. Il divise alors sa troupe en deux parties : l'une destinée à relever les sentinelles ; à cet effet, il fait des groupes de 6 hommes pour les sentinelles doubles, et de trois par sentinelle simple ; l'autre réservée pour les découvertes et les patrouilles de 2 à 3 hommes et les patrouilles de visite de 2 hommes.

Il envoie immédiatement les premières découvertes pour explorer le terrain.

Il explique ensuite à ses hommes la position des postes qui se trouvent à proximité, leur fait connaître les chemins pour s'y rendre, et aux sentinelles, la direction qu'elles auront à suivre au cas où elles seraient forcées de se replier sur le poste.

Lorsque toutes les dispositions sont prises, le commandant du petit poste, envoie au commandant de la grand'garde un rapport accompagné d'un croquis de la position.

CONDUITE DU COMMANDANT D'UN PETIT POSTE PENDANT SA GARDE.

Le premier soin du commandant du petit poste est de recueillir des nouvelles de l'ennemi.

Le moyen à employer à cet effet consiste à envoyer des patrouilles dans la direction de l'ennemi, et les rapports sont transmis, autant que possible, par écrit au commandant de la grand'garde, en ayant soin d'indiquer sur le rapport l'heure, même la minute à laquelle l'événement à signaler est arrivé, et s'il y a un danger réel, il avertira immédiatement les petits postes voisins, ainsi que le commandant de la grand'-garde et directement le commandant des avant-postes.

Il a la surveillance spéciale du poste d'examen.

Si un parlementaire se présente au poste d'examen, l'officier s'y transporte lui-même, et reçoit les lettres.

Le parlementaire ne peut être admis à traverser le cordon des avant-postes, qu'après autorisation préalable du commandant des avant-postes. Il est conduit, les yeux bandés, au point convenu.

Au jour, l'officier fait une reconnaissance détaillée du terrain dont il doit assurer la surveillance, afin de pouvoir bien organiser le service des patrouilles. Si l'on doit changer de position pendant la nuit, il aura eu soin d'en indiquer tous les détails à ses soldats pendant le jour, afin d'éviter tout désordre lors de la prise de l'emplacement de nuit.

L'officier doit bien se pénétrer qu'au moyen de ses patrouilles, il assurera mieux le service de sûreté qu'avec son cordon de sentinelles.

C'est pourquoi il faut faire faire les patrouilles toujours par les mêmes hommes, qui auront, au bout de quelques parcours, acquis une connaissance parfaite du terrain.

Il est surtout essentiel de multiplier ce service

pendant la nuit et vers le matin, afin d'avoir vite des nouvelles des changements survenus dans les dispositions de l'ennemi, d'autant plus, que le point du jour est le moment que l'ennemi choisira pour tenter une surprise ou une attaque.

Chaque patrouille doit connaître, avant son départ, le chemin qu'elle aura à parcourir, et l'objet de son service.

Une patrouille doit toujours être prête à partir du petit poste, pour aller voir ce qui se passe sur la ligne des sentinelles en cas d'alerte.

Pendant la nuit, les petits postes peuvent, comme le dit le général Bugeaud, envoyer au loin des petits postes de cavalerie, sur les routes par où l'ennemi doit arriver.

Ces postes auront pour objet de donner au petit poste dont il relèvent, des nouvelles de l'ennemi.

Ces postes sont appelés « postes à la cosaque ».

Notre règlement sur le service des armées en campagne, donne une prescription analogue, § 85.

CONDUITE A TENIR EN CAS D'ATTAQUE.

Si le petit poste est attaqué, l'officier doit agir avec rapidité et avec résolution.

Il doit résister le plus longtemps possible, afin de gagner du temps et permettre ainsi aux troupes en arrière de se préparer pour le combat.

Si l'attaque a lieu la nuit, il doit, autant que possible, tenir ses forces réunies, donner quelques salves pour avertir les troupes en arrière et agir principalement avec la baionnette, car pendant la nuit le feu n'est pas efficace.

CONDUITE DES SENTINELLES.

Les sentinelles ne déposent pas leur sac, ne rendent pas les honneurs, font toujours front vers l'ennemi et continuent à faire leur service malgré la présence de supérieurs.

Les sentinelles ne doivent répondre qu'aux questions que ceux-ci leur posent, à moins qu'elles n'aient une communication importante à leur faire.

Les sentinelles doubles ne doivent pas trop s'écarter l'une de l'autre; elles doivent pouvoir se soutenir à chaque instant.

Les sentinelles doivent continuellement marcher, à moins que l'endroit où elles sont placées ne soit découvert, ou que l'obstacle qui les couvre ne soit tellement bas que le reflet des armes puisse être aperçu au loin.

Elles ne peuvent le faire cependant que sur l'ordre exprès du chef de poste.

Comme l'emplacement du cordon de sentinelles doit, autant que possible, être ignoré de l'ennemi, on ne doit y faire aucun mouvement ni aucun bruit inutile.

Personne ne peut y séjourner, si ce n'est les chefs directs et les personnes qui les accompagnent.

Les sentinelles laissent sortir et rentrer pendant le jour :

1º Les commandants des postes, ainsi que le commandant des avant-postes.

2º Les chefs directs des sentinelles, depuis le capitaine de la compagnie jusqu'au général.

Toutes les autres personnes sont arrêtées et dirigées vers les sentinelles, derrière lesquelles se trouve le poste d'examen.

Pour sortir du cordon il faut une permission, et la personne qui doit sortir, doit être conduite par un homme de garde, jusqu'à la sentinelle correspondante au point de sortie.

Pendant la nuit, c'est-à-dire, depuis la tombée de la nuit jusqu'au point du jour, les sentinelles arrêtent toutes les personnes qui se présentent au cordon, comme il est prescrit dans le service des armées en campagne, § 88, alinéa 5.

Les sentinelles laissent passer les commandants des postes, les supérieurs connus personnellement des sentinelles, les patrouilles et reconnaissances, dépendant du poste dont il relève.

Tous les autres militaires, patrouilles, etc., sont renvoyés, comme nous l'avons déjà dit, près de la sentinelle où se trouve le poste d'examen.

Celui qui doit sortir du cordon des sentinelles doit connaître le mot et, en outre, être accompagné d'un soldat du petit poste.

Les personnes non militaires ne peuvent passer le cordon pendant la nuit.

La sentinelle tire sur celui qui ne s'arrête pas à son injonction de « qui vive! »

Les détachements de pose, ainsi que les rondes, doivent rester à l'intérieur du cordon, afin de ne pas être aperçus de l'ennemi.

Si les sentinelles aperçoivent quelque chose de l'ennemi, l'une d'elle se détache pour l'annoncer au petit poste.

S'il y a du danger, la sentinelle fait feu.

Les sentinelles ne tirent sur les patrouilles ennemies, que lorsqu'elles s'approchent de la ligne des sentinelles à bonne portée de fusil.

Dès que la sentinelle a fait feu, elle ne doit pas se retirer en ligne droite sur le petit poste, mais faire un détour, afin que la position du petit poste ne puisse être devinée par l'ennemi.

Les sentinelles avoisinantes se retirent également, afin de ne pas être coupées, et gardent la liaison entre elles pendant la retraite.

Les sentinelles sont relevées généralement toutes les deux heures. La consigne est donnée aux sentinelles montantes par les sentinelles descendantes, en présence du caporal ou du sous-officier de pose.

Dès que le jour baisse ou que les sentinelles sont placées assez loin l'une de l'autre dans un terrain difficile à surveiller, les sentinelles doubles parcourent alternativement la distance jusqu'aux sentinelles voisines, l'une d'elles restant en place pendant ce temps.

Afin de ne pas faire du bruit, les sentinelles doivent se reconnaître à un signal convenu d'avance.

En cas d'attaque, la ligne des sentinelles combat

comme une ligne de tirailleurs, et défend le terrain pied à pied.

PATROUILLES, DÉCOUVERTES ET RONDES

Outre le service de sûreté que nous venons d'examiner, les différents postes se servent de patrouilles, de découvertes et de rondes pour s'assurer de la sûreté intérieure et extérieure du cordon, ainsi que de la vigilance des gardes et des sentinelles.

Les patrouilles sont l'âme du service des avant-postes. Sans elles, la sûreté n'est pas complète, même avec un cordon de sûreté établi avec soin. Par les sentinelles, on n'a généralement connaissance de la présence de l'ennemi, que lorsque celui-ci attaque.

On distingue deux sortes de patrouilles :

Les *patrouilles défensives*, qui sont chargées de veiller à la sûreté de leurs postes et de s'assurer que rien ne puisse se glisser entre leurs intervalles sans être découvert.

Elles s'assurent également, si la surveillance est active, si la liaison entre les petits postes d'une même grand'garde et entre deux grand'gardes voisines est bien établie.

Elles excitent la surveillance du cordon par leur entrée et leur sortie.

Leur force varie entre 3 et 5 hommes et elles sont composées d'infanterie ou de cavalerie, suivant la composition des postes.

Pendant le jour, l'un des hommes marche à 10 ou

60 mètres en avant du chef, un autre à la même distance en arrière.

Pendant la nuit, ces distances seront réduites à 5 et 20 mètres.

Les *patrouilles offensives* ont pour objet de reconnaître l'ennemi. Leur force et leur composition varie avec la nature de la mission qu'elles ont à remplir, le secret à garder, la nature du terrain, etc.

Ces patrouilles marchent lentement, avec précaution et sans bruit; elles font de fréquentes haltes pour écouter; elles observent avec soin le terrain qu'elles explorent.

Les *rondes* ont pour objet de savoir si le service est bien fait.

Elles prennent connaissance des événements survenus, des arrestations, etc.

Elles sont ordonnées par l'officier supérieur de jour ou par le commandant des avant-postes et elles se font par un sous-officier ou par un officier, accompagné de 2 à 3 hommes.

Le commandant de la grand'garde fait visiter les petits postes; celui du petit poste fait visiter les sentinelles.

Les grand'gardes et les petits postes sont visités au moins 3 à 4 fois par jour; les sentinelles, au moins une fois pendant leur faction.

Les *découvertes* ont pour objet de s'assurer de la position de l'armée ennemie, c'est-à-dire, de la position des sentinelles, des petits postes et des grand'gardes de l'adversaire, de ses mouvements et de découvrir à temps une attaque projetée de l'ennemi.

Les découvertes ayant spécialement pour objet d'observer et d'examiner l'ennemi, elles doivent autant que possible, éviter de combattre.

Leur composition varie avec le but que l'on veut atteindre, la distance à laquelle on les envoie et la nature du terrain qu'elles ont à parcourir.

On ne peut déterminer d'une manière précise la distance à laquelle les découvertes peuvent se porter; elle dépend de la distance à laquelle se trouve l'ennemi, mais généralement on ne les envoie pas au-delà de 1,000 à 1,500 mètres.

Les découvertes ne rentrent pas par le même chemin qu'elles ont suivi, afin de ne pas tomber dans une embuscade, et de fouiller une plus grande étendue du terrain.

La découverte prend les précautions usitées pour un détachement isolé en marche.

Si elle rencontre un parti ennemi numériquement plus fort, qui médite une attaque sur les avant-postes, elle fait feu afin de donner l'éveil.

Un homme se replie pour en faire un rapport.

La découverte continue à observer l'ennemi.

Si elle découvre des partis ennemis au repos ou en mouvement, qui n'ont pas l'intention d'attaquer, la découverte en fait immédiatement rapport et continue à les observer sans trahir sa présence, et au besoin elle continue sa mission sans se laisser voir.

Dès que la découverte aperçoit la ligne de sentinelles de l'ennemi, elle cherche à pénétrer sa force; et l'emplacement des divers postes à connaître; à surprendre le mot, en se cachant à proximité d'une sentinelle.

Si la découverte ne peut plus avancer ou qu'elle ait rempli sa mission, elle rentre et fait un rapport sur ce qu'elle a vu.

Importance des lieux habités dans la défense.

L'importance de l'occupation des obstacles naturels du terrain, dans la manière actuelle de faire la guerre, est trop évidente, pour qu'un officier intelligent n'accorde à leur étude une attention particulière.

L'histoire des guerres fourmille d'exemples qui démontrent que des maisons, des fermes, des villages, qui ont servi ou comme points d'appui des fronts, ou comme postes avancés ou détachés d'une position, ont arrêté, même brisé les efforts d'une armée offensive.

Mais ce n'est pas seulement dans l'ensemble d'une bataille que des localités rendues défensives jouent un grand rôle; elles deviennent souvent un moyen de salut pour les détachements coupés. Ainsi le général français Guiteux fut coupé de l'armée après l'attaque de Salo, et il eût été fait prisonnier, s'il ne se fût jeté dans un grand bâtiment où il se défendit pendant deux jours, avec la plus grande énergie contre les Autrichiens. Un retour offensif de l'armée française le délivra de sa fâcheuse position.

Le général autrichien Provera se retira, après la bataille de Montenotte, sur le sommet du mont Cosseria et organisa à la hâte la défense des ruines d'un vieux château. Animés par la victoire, les Français le poursuivirent et attaquèrent les ruines avec vigueur, mais ils furent, à plusieurs reprises différentes, repoussés avec des pertes fort sensibles. Le manque de munitions et de provisions forcèrent la vaillante garnison à capituler.

On cite encore comme exemple, l'admirable défense d'une auberge en Poméranie, dans laquelle le maréchal de Saxe (1715), accompagné de 5 officiers et de 12 domestiques, se défendit, une nuit entière, contre 200 dragons et 600 cavaliers suédois.

Pour ne citer qu'un exemple de la guerre 1870-1871, dans laquelle l'organisation défensive des localités a joué un très-grand rôle, nous dirons que, dans la vallée Carrière des Crottes, les maisons situées en avant de Coulmiers, le village lui-même, des parcelles de bois, ainsi que le château Préfort étaient organisés défensivement.

Ces exemples et maints autres, trop longs à citer, nous apprennent, que la connaissance des travaux nécessaires pour organiser défensivement un obstacle du terrain, est d'une nécessité absolue pour tout officier, surtout pour un officier d'infanterie; nous dirons même que ces connaissances lui sont indispensables.

Organisation défensive des maisons isolées.

Avant d'organiser défensivement une maison isolée, il faut en faire la reconnaissance. Cette reconnaissance peut se faire à deux points de vue différents:

1° Dans le but de l'occuper et de la défendre;
2° Dans le but de l'attaquer.

Dans le premier cas il faut s'assurer:

1° Si l'emplacement de la maison est en rapport avec le but qu'on se propose;

2° S'il commande le terrain environnant;

3° Si l'on trouve à proximité de la maison les matériaux nécessaires aux travaux de défense;

4° Si les abords sont découverts;

5° Si la retraite est facile;

6° Si l'étendue du poste est en rapport avec le nombre d'hommes qu'on doit y mettre;

7° Si les murs sont bons, si l'on peut y percer des créneaux;

8° Si les murs se flanquent réciproquement;

9° Il faut examiner la forme générale de la maison ;
10° De quelle manière elle est couverte.

Dans le cas où la reconnaissance précède une attaque, elle a pour objet de découvrir le véritable point d'attaque, la route qui y conduit, sa situation, la manière dont il est construit, sa distribution, les défenses qu'on y a accumulées, les abords et la force de la garnison.

Dès que la reconnaissance est faite, on fait sortir tous les habitants de la maison, et on prend les dispositons suivantes :

1° Barricader toutes les issues et les créneler ;
2° Barricader les fenêtres du rez-de-chaussée sur toute la hauteur et les créneler ;
3° Créneler les fenêtres du premier étage à mi-hauteur au moins ;
4° Percer des créneaux dans les murs ;
5° Empêcher l'ennemi de venir au pied du bâtiment sans essuyer des feux verticaux et flanquants (machicoulis, tambours, balcons) ;
6° Organiser les communications à l'intérieur, de manière qu'elles puissent se faire facilement et que la défense des diverses parties du bâtiment soit successive ;
7° Démolir le toit, s'il ne sert pas à la défense, ou s'il peut être incendié, d'autant plus, qu'une grande quantité de bois est nécessaire à la mise en état de défense du bâtiment ;

8° Écarter de la maison tout ce qui peut être incendié ou qui pourrait gêner la défense ;

9° Prendre des mesures contre l'incendie, en couvrant l'étage supérieur de fumier, de sable, et tenir en réserve des baquets d'eau, pour éteindre le feu ;

10° Réserver une partie du bâtiment comme réduit, et créer à proximité un endroit où les munitions puissent être conservées sans danger ;

11° Flanquer le pied du bâtiment au moyen de tambours en palanques, dont l'un doit communiquer avec le réduit. Ce dernier doit être construit de manière, pouvoir assurer la retraite de la garnison ;

12° Entourer la maison d'un fossé en fond de cunette, dont on rejette les terres contre les murs, afin d'en défendre les approches ;

13° Nettoyer le terrain autour de la maison dans un rayon de 200 à 300 mètres, afin de pouvoir le battre efficacement.

ORGANISATION DU TRAVAIL ET MESURES DE SURVEILLANCE.

D'après cet exposé, nous voyons que les travaux pour mettre un bâtiment isolé en état de défense complet, sont nombreux et longs, et si on veut les terminer en 24 heures, il faut déployer une activité continue.

Pour diriger ce travail avec ordre, on peut diviser la force dont on dispose en deux parties, dont l'une travaille, tandis que l'autre se repose.

Celle-ci doit être constamment prête à prendre les armes en cas d'attaque subite.

Si on attend l'ennemi, il est utile d'entourer le poste d'un cordon de sûreté, afin d'être rapidement prévenu de son approche.

Ce cordon est également nécessaire pour empêcher l'espionnage.

On pourrait même placer une sentinelle sur le grenier, ou sur un grand arbre à proximité de la maison, pour avoir une vue plus étendue.

MODIFICATIONS A APPORTER DANS L'ORGANISATION DÉFENSIVE D'UNE MAISON.

Le temps nécessaire pour organiser la défense complète d'une maison, il manque souvent en campagne. Dans la plupart des cas, le défenseur peut à peine disposer de une ou de deux heures avant l'arrivée de l'ennemi; dans ce cas, il faut aller au plus pressé.

Les troupes n'ont généralement à leur disposition d'autres outils que ceux qu'elles portent ordinairement avec elles, c'est-à-dire des haches, des scies, des pelles.

Aussi fait-on au plus vite disparaître les obstacles du terrain : haies, buissons, arbres, murs, etc., qui favorisent les approches de l'ennemi, en même temps on barricade les portes et les fenêtres du rez-de-chaussée et on crénèle les murs.

Cette défense suffira contre une attaque de vive force. On complète cette défense si l'on a encore du temps à sa disposition.

Les maisons peuvent encore être employées comme blockhaus, et on doit les organiser comme tels, quand on a à craindre de l'artillerie.

Dans ce cas, on démolit les murs à ras des poutres du premier étage et on donne à la maison un recouvrement, qui la mette à l'abri des feux plongeants de l'artillerie et un revêtement en terre, précédé d'un fossé, pour mettre les murs à l'abri des feux directs.

Une application de ce genre pourrait se faire, si l'on a à construire un retranchement auquel la maison pourrait servir de réduit, ou bien comme poste d'étape sur la route d'une armée.

OCCUPATION DE LA MAISON.

La garnison est divisée de manière que chaque chambre ait son chef particulier, sa garnison, et sa réserve.

Cette dernière, sous les ordres du chef, sera placée derrière les entrées barricadées, qui sont généralement les points d'attaque de l'ennemi. Elle aura pour but spécial de repousser l'assaillant au moyen de la baïonnette.

Afin de fixer les idées sur la répartition des hommes, nous dirons, qu'il faut un homme par mètre courant ou par créneau au rez-de-chaussée, un homme par 1 1/2 mètre au premier étage, un homme par 2 1/2 mètres au second étage ou au grenier, où on placera de préférence les meilleurs tireurs.

Si la maison est entourée d'un mur de clôture, de

haies, etc., on les occupera avec les tirailleurs et leurs soutiens.

Dès que toutes les dispositions sont prises, le commandant instruira la garnison dans son service. Il indiquera à chaque homme sa place, etc. (voir l'Instruction à donner pour la défense d'un ouvrage de campagne, page 163); en outre, il désignera un détachement particulier pour éteindre les incendies qui pourraient se déclarer, afin de ne pas distraire les autres hommes de leur service.

Si la défense possède de l'artillerie, elle sera placée de manière à pouvoir tirer dans la direction de l'attaque et surtout aux angles, pour détruire les secteurs sans feu.

La cavalerie, s'il y en a, sera placée en arrière du bâtiment, pour être prête à prendre en flanc les colonnes d'assaut.

DÉFENSE.

Nous avons établi précédemment, que les armes à feu à tir rapide sont surtout redoutables aux troupes assaillantes.

Ce que nous avons dit pour des troupes en rase campagne, devient plus vrai encore pour des défenseurs parfaitement abrités derrière les créneaux d'une maison organisée défensivement.

Dès que l'ennemi paraît à bonne portée, il est accueilli par un feu bien dirigé, fourni par les postes extérieurs, les défenseurs des murs de clôture, des haies, et par les bons tireurs établis au premier étage et au grenier.

Le feu est, en effet, le seul moyen à opposer à la marche de l'ennemi.

A mesure que l'ennemi approche, les postes extérieurs se retirent en faisant feu, les tirailleurs auront soin de viser principalement les officiers.

Dès que l'assaillant arrive près de la maison, la défense emploie un tir rapide dirigé sur les premiers, les plus intrépides, qui précédent généralement la véritable attaque, sur les travailleurs, etc.

L'artillerie tire principalement sur les troupes massées et les colonnes d'attaque.

Les postes extérieurs et les tirailleurs se retirent derrière le bâtiment, pour s'y reformer et tenter des attaques de flanc.

Lorsque l'assaillant arrive au pied du bâtiment, on dirige sur lui un feu vif et nourri par les machicoulis, on lui jette des pierres, des tuiles, des grenades à mains, etc. Dès qu'il dresse les échelles, qu'il applique des pétards aux portes, qu'il dispose des sacs à poudre pour faire une brèche dans la muraille, on écarte tous ces moyens d'attaque avec des crochets.

Si l'ennemi pénètre à l'intérieur de la maison, on en défend pas à pas les différentes chambres, on l'accable de feux, on retarde sa marche par tous les moyens possibles et on continue la défense dans le réduit, qu'on ne cède qu'à la dernière extrémité.

Pendant le combat, la cavalerie et l'infanterie de réserve feront des attaques sur les flancs des colonnes d'assaut.

Il arrive rarement, que la défense d'une maison

soit poussée jusqu'à la dernière extrémité. Cela dépend, du reste, de la situation et des ordres donnés.

Souvent la garnison, protégée par la réserve, opérera la retraite dès que le rez-de-chaussée sera pris.

La garnison retirée à l'étage se trouve, dans la position la plus difficile; elle finira par être à la merci des assaillants, qui bientôt entoureront la maison complétement. Dès lors, il devient fort difficile de se faire jour; on doit attendre, qu'une occasion favorable se présente pour surprendre l'ennemi, et se frayer un passage à la baïonnette à travers ses rangs.

ATTAQUE.

L'attaque d'une maison parfaitement défendue est une opération fort difficile, qui coûte généralement beaucoup de sang et beaucoup de temps.

Aussi l'adversaire cherchera la plupart du temps à tourner le poste et à menacer la retraite de la garnison.

On n'attaque des maisons fortifiées, que lorsqu'il faut absolument s'en emparer.

Cette attaque exige d'ailleurs beaucoup de courage, du sang-froid, de la résolution et de l'énergie dans l'exécution.

Si l'assaillant possède de l'artillerie, la résistance de la maison ne sera pas longue. Établie hors de portée de mousqueterie, elle peut, au moyen de quelques coups de feu, détruire ou incendier la maison, pendant qu'un détachement de cavalerie, se portera sur la ligne de retraite des défenseurs.

Mais l'assaillant n'aura pas toujours de l'artillerie à sa disposition, l'attaque se fait alors avec l'infanterie et avec la cavalerie.

Après une reconnaissance préalable du terrain extérieur et de la maison, qui aura principalement pour objet de determiner le point ou les points d'attaque, on divise la troupe en trois parties :

1° En tirailleurs;
2° En colonnes d'attaque;
3° En réserve (qui peut être de la cavalerie).

Les tirailleurs se meuvent à l'abri des accidents du terrain, se postent, font un feu bien dirigé sur les créneaux et sur les défenseurs qu'on aperçoit.

Ils se meuvent principalement dans les angles morts, se couchent, se relèvent après avoir fait feu, et se portent rapidement dans un autre endroit couvert, d'où ils ouvrent de nouveau le feu sur les défenseurs.

Les soutiens des tirailleurs suivent, s'abritent également, et entrent au besoin dans la ligne de feu.

La colonne ou les colonnes d'attaque sont placées le plus près possible de la maison, à couvert dans un pli du terrain.

Ces colonnes seront précédées d'hommes portant des haches, des pioches, des planches, pour enfoncer les portes, démolir les murs, emboucher les créneaux.

On doit également munir quelques hommes de pétards, de sacs à poudre, pour faire sauter les barricades et faire brèche dans le mur. Il leur faut également des échelles, pour s'introduire au plus vite à l'étage, afin de dominer le défenseur du rez-de-chaussée et se rendre immédiatement maîtres de la maison.

Ces hommes seront généralement choisis parmi les plus hardis, parmi les plus intrépides. Ils se précipiteront au pas de course vers la maison, en se couvrant, autant que possible, par les obstacles du terrain, par des sacs de laine, un gabion, etc.; pour se jeter dans les angles morts des créneaux, des portes, qu'ils chercheront à attaquer au moyen de la hache ou de la poudre.

S'ils parviennent à faire une brèche, la colonne d'attaque s'avance rapidement pour se jeter dans la trouée, commence une lutte corps à corps avec les défenseurs et cherche à les poursuivre à travers les différents compartiments, sans leur laisser le temps de barricader les portes.

Après avoir pris une chambre, l'assaillant pourrait y disposer de la poudre pour faire sauter les murs intérieurs, ou bien, si l'on ne veut pas conserver la maison, chercher à saper les fondations de la maison en se servant de l'espace privé de feu.

L'assaillant devra chercher à entrer en même temps par le rez-de-chaussée et par l'étage, sans quoi il lui sera difficile de maintenir sa conquête, exposé qu'il est aux feux verticaux par les machicoulis.

Sans artillerie, l'attaque d'une maison est extrêmement difficile, souvent impossible si la défense est conduite énergiquement. Aussi, pour éviter une perte de sang toujours regrettable, devra-t-on chercher à prendre le poste par ruse ou par surprise, en l'attaquant, par exemple, dans un moment où la défense n'est pas encore complétement organisée, ou que la surveillance est plus ou moins relâchée.

S'il était tout à fait impossible de se rendre maître de la maison, on pourrait la faire entourer la nuit par des fascines goudronnées, du bois, de la paille, sur laquelle on jetterait du pétrole, et la rendre inhabitable.

La garnison ne résistera pas à une pareille attaque, et dans ce cas on doit prendre des mesures pour que la garnison ne puisse s'échapper.

Quelle que soit d'ailleurs l'attaque que l'on fasse, une partie de la réserve sera placée sur la route par laquelle la garnison devra opérer sa retraite.

La cavalerie, si l'attaque en possède, remplira parfaitement cet objet.

Attaque et défense des villages.

CONSIDÉRATIONS GÉNÉRALES.

Si nous jettons un coup d'œil sur le recit des batailles modernes, nous voyons que l'attaque et la défense des villages y jouent le rôle principal.

Les villages se trouvent, en effet, sur les communications, ferment ou dominent des défilés, donnent des points d'appui forts aux ordres de bataille et présentent une position couverte, dans laquelle on peut masser des troupes.

Par suite de leur force (naturelle ou artificielle), ils permettent de résister, avec des forces relativement faibles, à un adversaire supérieur en nombre; par leur position, ils favorisent les mouvements offensifs ou défensifs, et jouent, par conséquent, le rôle le plus important les jours de bataille.

Leur possession décide généralement du sort de la journée.

On fortifie et on occupe un village :

1º Pour y établir un poste solide et indépendant, par exemple, pour défendre un défilé, le point de passage d'un fleuve, pour abriter un cantonnement ou des quartiers d'hiver, pour abriter les travaux de siége d'une place, pour former des postes indépendants dans une position retranchée.

2º Pour les faire servir momentanément dans la défense d'une position.

Dans le premier cas, le village occupé est solidement fortifié, sa défense est préparée avec beaucoup de soin.

Nous ne nous occuperons que des villages de la seconde catégorie, dont la défense est organisée rapidement et qui sont le plus employés dans la guerre.

Les villages peuvent servir :

Comme postes avancés pour défendre les approches d'une position.

Ainsi, la bataille de Ligny consistait réellement dans les combats livrés pour l'attaque et la défense de deux villages situés en avant de la position prussienne. 32 bataillons français furent lancés à leur attaque, 19 1/2 bataillons prussiens les défendaient.

Comme points d'appui aux flancs, tels que Castel-Ceriolo à Marengo, Aspern et Essling, Dölitz et Seiffertshaya à Leipzig, Grand-Tory à Arcis-sur-Aube, Planchenoit à Waterloo, et sur *le front de la position* même, pour y former des points forts dont la conquête décidait du succès de la journée.

A l'intérieur de la position, pour servir de point d'appui à une seconde ligne.

Les villages fortifiés servent encore à protéger une *retraite*, pour faciliter à une armée un passage de rivière et son déploiement sur la rive ennemie. (Aspern et Essling 1809).

Ainsi, à Jena, l'occupation du village les Quatorze-Saints, à Auerstedt, celle de Hassenhausen, protégeaient le déploiement de l'armée française.

A Culm, le village de Nieder-Arbesau fut défendu longtemps et énergiquement par huit bataillons français, pour protéger la retraite de Vandamme.

L'occupation de Bry et de Sombreffe, par la 3e brigade du corps de Thieleman, après la bataille de Ligny, couvrait la retraite de l'armée prussienne sur Gembloux.

Dans la guerre de 1849, après la bataille de Fredericia, les Schleswig-Holsteinois occupaient le village Bedstrup pour couvrir la retraite de l'armée derrière le Rands-Aa.

Les villages peuvent être avantageusement défendus ou non suivant leur position, leur forme et la manière dont ils sont bâtis.

Leur position est bonne, si le terrain en avant permet l'action des armes, et s'il est couvert contre le feu de l'ennemi (1).

Un village peut être facilement défendu, lorsqu'il se trouve sur une petite hauteur.

Des bois aux environs sont défavorables, il en est de même des hauteurs, à moins qu'elles ne se trouvent à une distance assez grande du village, et quelles puissent être dominées par l'artillerie placée en arrière de celui-ci.

Les villages dont la forme est carrée, rectangulaire ou ronde, avec place centrale, et des rentrants qui puissent être flanqués, sont très propres à la défense.

La lisière doit être continue.

La manière dont les maisons sont bâties a également son importance.

Les maisons bâties en briques sont les meilleures pour la défense; le canon les troue sans les ébranler.

Enfin, un village est facile à défendre, s'il ne se laisse pas facilement incendier; s'il peut se subdi-

---

(1) Ces sortes de villages se trouvent souvent dans les vallées, qui sont quelquefois faciles à défendre.

viser en quartiers ; si à l'intérieur se trouvent des points centraux dominants ; si les routes peuvent être facilement barrées, si dans l'intérieur du village se trouvent des arbres touffus, qui masquent les mouvements des défenseurs, si enfin, à proximité du village, se trouvent de bonnes positions pour l'établissement de quelques pièces d'artillerie.

Un village qui forme défilé ou qui couvre un défilé, acquiert une grande importance dans la défense, si toutefois sa conformation s'y prête.

Mais quelle que soit la facilité à la défense que présente la situation topographique d'un village des *considérations purement tactiques* influent également sur ce sujet.

On doit voir si la force et l'espèce de troupes dont on dispose suffit à la défense du village entier ou d'une partie seulement, et si on a le temps nécessaire pour mener à bonne fin les travaux qu'exige la mise en état de défense.

Une autre considération ne doit pas être perdue de vue, c'est le but que l'on veut atteindre.

On doit savoir, s'il faut fortifier et défendre le village et en maintenir sa possession à tout prix, ou bien l'occuper d'une manière momentanée pour gagner du temps, afin de pouvoir reprendre l'offensive plus tard.

Le premier cas se présentera généralement dans les grandes batailles. Ligny, Aspern, Essling nous en fournissent des exemples, tandis que le deuxième cas se présentera plus particulièrement dans les petits engagements, tels que dans les combats d'avant-garde et d'arrière-garde.

ORGANISATION DÉFENSIVE D'UN VILLAGE.

Avant d'organiser un village défensitivement, on doit en faire la reconnaissance, qui porte sur quatre points :

1° Sur le terrain extérieur ;
2° Sur la constitution de l'enceinte ;
3° Sur l'intérieur du village ;
4° Sur des considérations statistiques.

1° *Reconnaissance du terrain extérieur.*

On doit voir, si le terrain est découvert au moins à une distance de 300 mètres du village, s'il est coupé de ravins, de rivières, de lacs, de marais; si les approches en sont faciles; si le terrain est cultivé, ou si ce sont des prairies, des jardins, des vignes; s'il y a des arbres; si les parcelles de terrain sont séparées par des fossés; si ceux-ci sont secs ou remplis d'eau, si les différents champs sont bordés d'arbres.

On doit également observer le terrain à portée de canon, s'il y a des hauteurs qui dominent le village, s'il y a des bois dans les environs, etc.

2° *Enceinte.*

L'enceinte doit être examinée avec beaucoup de soin.

On doit voir comment elle est faite, si elle est continue; si les jardins sont enclos de murs, de haies ou d'arbres; si ces enclos sont disposés de manière à pouvoir se flanquer; si l'enciente présente des solutions de continuité, des routes qui la traversent.

3° *Intérieur du village.*

On examinera les communications qui conduisent vers l'extérieur, leur direction en avant et en arrière, leur état, leur largeur.

On examinera également si les maisons sont bien bâties; si l'on peut les incendier facilement; si elles sont couvertes en chaume, avec des ardoises ou avec des tuiles, si la défense en est facile et si elle peut se faire isolément ou par quartiers.

On s'assurera si l'église peut être appropriée comme réduit; s'il n'y en a pas, on cherchera dans ce but une maison isolée solidement bâtie; on verra si la retraite peut s'exécuter facilement, s'il y a des ponts, leur état, etc., etc.

4° *Statistique.*

On s'instruira du nombre des habitants, de leurs occupations, si on peut, à la rigueur, employer les habitants à la construction des travaux de défense.

Quelles sont les ressources de la localité en vivres, en moyens de transport, en matériaux, etc., etc.

L'officier doit, pendant la reconnaissance, préparer sa résolution au sujet des travaux à exécuter,

Il lui faut, par conséquent, un coup d'œil militaire exercé pour apprécier rapidement la situation, et c'est dans l'application rapide et bien entendue des moyens que la fortification passagère met à sa disposition, qu'il saura faire valoir son habileté et son intelligence.

La grande question sera d'employer utilement le temps, afin d'obtenir exactement le degré de résistance qu'il veut créer.

Le plus pressé doit être fait en premier lieu. Il devra donc procéder, dans ses travaux de fortification, de l'extérieur vers l'intérieur.

Afin de ne pas être inquiété par l'ennemi, il devra mettre autour du village des postes qui en garantiront les approches.

Si le travail est fort pressé, l'officier doit requérir les habitants avec les outils nécessaires.

Dans la fortification d'un village, on doit observer les principes suivants :

1º Le couvrir le plus rapidement possible contre une attaque par surprise, et renforcer successivement les défenses pour pouvoir résister à une attaque de vive force ;

2º Retenir, par des obstacles, l'ennemi le plus longtemps possible sous le feu à bonne portée ;

3º S'il vient à pénétrer par un point, pouvoir l'attaquer de front, surtout en flanc, et si possible, à revers.

L'ennemi cède généralement, s'il est attaqué en flanc, et il n'essaye plus de se défendre s'il est pris à revers.

ORGANISATION DÉFENSIVE DE L'ENCEINTE.

Le premier soin à prendre consiste à barricader toutes les entrées du village.

Faute d'avoir pris cette précaution, les Russes furent défaits et rejetés hors du village de Dembe-Wielkie, sur la chaussée de Warschau à Siedlec, par une attaque subite de cavalerie.

Ces barricades seront construites dans des rentrants et disposées de façon à pouvoir être flanquées au moyen de créneaux pratiqués dans les murs des maisons avoisinantes.

Il est même avantageux d'en faire plusieurs, à la suite l'une de l'autre, pour opposer plus de difficultés à la marche de l'ennemi.

La meilleure précaution cependant consiste à couvrir les communications au moyen d'ouvrages en terre, dont les lignes sont flanquées par des dispositions en arrière.

L'*enceinte extérieure* présente la première ligne de défense du village.

Cette première ligne est constituée au moyen des haies et des murs de clôture des jardins, et si elle présente des solutions de continuité, il faut les compléter au moyen d'abatis, de palanques, de palissades, etc.

Si la lisière ne s'approprie pas bien au flanquement, il faut en corriger le tracé par un des moyens indiqués plus haut.

On doit avoir particulièrement l'œil sur les angles

saillants, qui sont généralement les points d'attaque et leur donner un flanquement efficace, battre le terrain en avant de feux croisés, les retrancher même s'il y a lieu, au moyen d'une palissade.

Mais si les saillants sont les points d'attaque, il ne faut pas négliger de pourvoir à la défense des angles rentrants.

Les Autrichiens commirent cette faute dans la défense du village de Jemappes. L'entrée du village communiquait avec les hauteurs fortifiées, et comme elle se trouvait dans un rentrant, les Français s'y jetèrent, après avoir été repoussés par un feu meurtrier en front, pénétrèrent dans le village et prirent les Autrichiens à revers.

Le *terrain extérieur* doit être nettoyé jusqu'à une distance de trois cents mètres en avant de la première enceinte. Tous les obstacles parallèles, tels que haies, rangées d'arbres, qui protégent la marche de l'ennemi, doivent disparaître; on comblera les ravins s'il y a lieu.

Les bouquets de bois doivent être coupés, les buissons détruits, les routes couvertes d'abatis.

Tous les obstacles perpendiculaires au front peuvent être conservés, car ils gênent la marche de l'ennemi et séparent ses colonnes d'attaque.

Les maisons situées de 100 à 150 mètres de l'enceinte pourraient être défendues, si l'on a assez de monde à sa disposition. Si plusieurs maisons se trouvent encore plus rapprochées, on pourrait les réunir par une levée de terre.

Les obstacles perpendiculaires en arrière de l'enceinte, ne doivent pas non plus être détruits, ils doivent même être renforcés, mais on aura soin d'y pratiquer des passages, qui, au dernier moment, pourront être barricadés au moyen de matériaux préparés d'avance sur place.

Il est prudent que ces communications soient multipliées, mais il ne faut pas qu'elles servent de passage entre plusieurs quartiers, parce que, comme nous le verrons plus loin, la défense du village, proprement dite, est subdivisée en quartiers, et chaque quartier a une défense particulière.

Pour qu'une défense soit réellement énergique, il faudrait également nettoyer le terrain entre la première enceinte et les maisons mises en état de défense, afin que l'ennemi n'y trouve aucun couvert, quand il y aura pénétré. Mais observons qu'en temps de guerre, surtout lorsqu'on est pressé par les circonstances, on a rarement le temps de se livrer à des travaux aussi minutieux.

On ne doit pas négliger de faire surveiller le terrain en avant par des petits-postes et des patrouilles.

DEUXIÈME ENCEINTE.

Pendant que la première enceinte se complète, le commandant aura eu le temps de diviser le village en quartiers, c'est-à-dire, en agglomérations d'un certain nombre de maisons, qui peuvent fournir une défense isolée. Dans chaque quartier, on fortifie les maisons, qui ont les vues les plus directes sur l'enceinte, et si on a le temps, on les fortifie toutes d'après les règles exposées plus haut.

Toutefois, il faut avoir soin d'établir des communications dans les murs mitoyens des maisons, afin que les défenseurs puissent circuler et se retirer à couvert.

La défense des étages est toujours avantageuse. On ne doit pas négliger de mettre des tireurs dans les caves, surtout quand les soupiraux sont fermés par des grilles en fer.

A Ligny, les Prussiens, et à Aspern, les Autrichiens, avaient utilisé les soupiraux des caves pour faire le coup de fusil; on se battait même avec acharnement dans les caves. Cette défense est rasante, et l'ennemi répond difficilement à ce feu.

Les communications en arrière, si elles n'existent pas, doivent être créées, afin que la garnison ait sa retraite assurée. Cette précaution avait été négligée dans la défense de la Haie-Sainte, ce qui fit qu'après l'épuisement des munitions de la garnison, qui ne pouvaient plus être renouvelées, la ferme tomba aux mains des Français.

La mise en état de défense des maisons exige beaucoup de temps; il est rare qu'on ait assez de loisir pour préparer d'avance toutes ces dispositions défensives; mais rien n'empêche de continuer ce travail avec activité pendant le combat même.

Le côté du village opposé aux attaques ne doit pas non plus être négligé. On doit le fermer, mais cependant pas complétement, pour que des secours ne soient pas empêchés d'entrer dans le village. Des entrées larges pourraient être ménagées à cet effet.

D'après Feuquières, la perte du village de Ramillies, dans la bataille du même nom, en 1706, doit être attribuée au manque de communications de ce genre, tandis que les alliés, à Neerwinden, en 1693, avaient laissé le village ouvert sur les derrières, ce qui leur permit de rejeter l'ennemi trois fois hors du village, en l'attaquant sur un grand front.

LE RÉDUIT.

Le réduit doit faire l'objet d'une attention spéciale.

Il doit concentrer la défense, augmenter la résistance, permettre au défenseur de regagner le terrain perdu, suppléer par sa force au manque de précautions prises et protéger la retraite des défenseurs.

Pour satisfaire à ces buts multiples, le réduit doit être un des points les plus forts du village. Généralement on choisit une église, un couvent, un château ou bien une ferme solidement construite et isolée.

Un réduit entouré d'un fossé rempli d'eau, et qui par sa construction même a un flanquement est très avantageux.

Si le réduit a une tour, on peut y mettre un poste, pour observer les mouvements de l'ennemi. La sentinelle communiquera avec le commandant du réduit, au moyen de signaux convenus d'avance.

Le réduit ne doit pas être dominé par les maisons

avoisinantes. Si cela existe, on doit les raser jusqu'à hauteur convenable.

Si le réduit est entouré d'un mur, on doit couvrir les défenseurs contre les coups plongeants. Si l'ennemi possède de l'artillerie, il faut même le garantir dans la direction des communications par un parapet en terre. Dans la mise en état de défense du réduit, il ne faut épargner aucune peine, aucun travail, pour assurer une résistance énergique, et on doit surtout avoir soin de créer des feux flanquants, s'ils n'existent pas, et garantir le réduit contre l'ennemi le plus dangereux dans la défense des villages — le feu (1).

EMPLOI DES OBSTACLES NATURELS DANS LA DÉFENSE DES VILLAGES.

Ce qui va suivre appartient plutôt au domaine de la fortification passagère; nous rappellerons cependant, en quelques mots, l'usage que l'on peut faire, dans la défense des villages, des ravins, des inondations de marais, de prairies humides.

Les *ravins*, quand ils sont assez profonds, et qu'ils courent parallèlement au front d'attaque, peuvent être recoupés aux endroits les plus franchissables, afin d'opposer un obstacle à la marche de l'ennemi. Toutefois on devra chercher à les flanquer au moyen d'une disposition quelconque.

La force de résistance de plusieurs villages

(1) L'église de Tacambaro, transformé en réduit par la 3e colonne belge au Mexique, fut incendiée par les Mexicains, circonstance qui obligea la garnison de se rendre.

plusieurs villages des lignes de Torrès-Vedras a été augmentée par ce moyen.

Une *rivière*, qui coule à travers ou à côté du village, peut être barrée, et former en avant du front d'attaque une inondation qui le sépare en deux.

Une rivière encaissée est très-avantageuse, parce que les bords en sont difficiles à franchir.

Si la rivière coule parallèlement au front, l'inondation peut servir à diminuer le front d'attaque.

Les *marais* doivent entrer dans la constitution de la première enceinte, ainsi que les *prairies humides*, afin de diminuer le front accessible à l'ennemi.

Observons cependant que le temps manquera généralement pour faire des obstacles naturels des défenses d'une valeur respectable; mais si on a le loisir, il ne faut jamais négliger de les employer.

MODIFICATIONS A APPORTER A L'ORGANISATION DÉFENSIVE DES VILLAGES.

Il est des circonstances de guerre où l'on n'a pas le temps de prendre les dispositions que nous venons de décrire.

On doit alors aller au plus pressé.

On commence par barrer toutes les communications avec l'extérieur. Ensuite on s'occupe de l'organisation du réduit, dont la défense doit être énergique, en même temps on s'occupe de l'organisation défensive de l'enceinte, et si le temps le permet, on complète la défense en organisant la première enceinte et en dégageant le terrain extérieur de tous les obstacles qui peuvent gêner la défense.

Il n'est pas toujours nécessaire d'organiser un village défensivement pour le défendre.

Si le village est dominé par une hauteur, il suffit généralement d'occuper celle-ci par une redoute, pour rester constamment maître de la localité, que l'on ne garde que par quelques postes. Il faut toutefois en barrer toutes les communications.

Défense des villages et des postes,

OCCUPATION.

Presque généralement, on commet la faute d'occuper les villages trop fortement ; et ce déplacement de forces inutiles neutralise la défense en produisant du désordre, et en rendant, pour ainsi dire, impossible la surveillance des troupes et leur direction pendant l'action. Ce n'est pas avec la masse de troupes que l'on parvient à bien défendre un village ou un poste fortifié, mais par l'arrangement bien entendu des défenses, par l'intelligence et le coup-d'œil militaire, le courage et l'intrépidité des chefs, la bravoure et la discipline des troupes.

Il serait difficile d'établir des règles fixes pour

déterminer la force (1) et la distribution de la garnison dans la défense des villages ou postes fortifiés; mais pour obtenir une défense énergique et progressive, on doit diviser les troupes en autant de parties, qu'il y a de quartiers, et dans chaque quartier faire deux groupes :

1° La garnison de la première enceinte,
2° Les réserves spéciales de la première enceinte.

En outre nous avons pour la défense de tout le village:

La réserve générale et
La garnison spéciale du réduit.

(1) Quelques auteurs militaires disent qu'une troupe peut attaquer ou défendre une étendue de terrain égale au double du front, qu'elle occupe en bataille.
Il faut cependant observer, qu'il est rare de pouvoir maintenir jusqu'à la fin de l'action la garnison d'un village sans devoir l'augmenter. Cela dépend évidemment des circonstances de la lutte.
Ainsi le village de Ligny avait pour garnison de défense au commencement de l'action 4 1/2 bataillons, et 6 bataillons en arrière en réserve.
Ces bataillons occupaient, l'un le château et 100 pas de la lisière, les 3 autres bataillons 100 pas de la lisière chacun.
Le front d'attaque comportait 1,500 pas. Dans la suite de l'action, on y jeta successivement 4, 1, 2, 1 et 4 bataillons des 3e, 6e et 7e brigades, ainsi que quelques bataillons des 2e et 3e corps d'armée, de manière que finalement, 19 1/2 bataillons prussiens et 48 canons, disputaient la position à 32 bataillons français.

DISTRIBUTION DES TROUPES.

Nous avons dit que le village était partagé en quartiers. Chaque quartier reçoit pour garnison, soit une compagnie, soit un bataillon, suivant l'étendue du village ou du poste et suivant les forces dont on dispose.

Supposons qu'un quartier doive être défendu par une compagnie.

Trois sections pour la première enceinte : dont deux pour occuper l'enceinte, la troisième pour former les soutiens en arrière.

Une section en réserve spéciale, placée en arrière dans un endroit couvert non loin de l'enceinte.

L'occupation de la première enceinte se fera par une ligne de tirailleurs, dont on dispose les groupes sur les points, qui par leur position flanquante et dominante, rendent la défense plus facile, ou sont plus exposés aux attaques.

Ce sont donc principalement les points faibles de l'enceinte qui devront être garnis de un ou même de plusieurs groupes, suivant leur importance.

Les soutiens de ces groupes de tirailleurs doivent se trouver le plus près possible dans une position bien couverte, mais d'où ils peuvent encore agir par salves sur l'assaillant, et avancer rapidement pour fournir un choc offensif sur l'ennemi.

Plus ces soutiens sont rapprochés des groupes de tirailleurs, plus promptement ils peuvent entrer en action, déjouer les projets de l'ennemi, et préparer l'action des réserves.

La bataille de Podol, en 1866, nous montre un exemple frappant du résultat obtenu par les salves de soutiens bien postés. Le général Poschacher voulut reprendre Podol pendant la nuit du 26 juin. A cet effet, il fit attaquer le pont que les Prussiens avaient occupé. Il fut repoussé par des salves bien dirigées des Prussiens, dont plusieurs pelotons en ligne, étaient placés à deux cents pas du pont.

Les colonnes autrichiennes passèrent bien le pont au pas de course, quoique les premières maisons de la rive droite de l'Iser fussent occupées par les Prussiens, mais dès que les têtes des colonnes se montrèrent dans la rue du village, différents soutiens prussiens les reçurent par deux ou trois décharges, qui firent tourbillonner les colonnes.

La *réserve spéciale* a un double objet :

1º De défendre spécialement les débouchés des villages s'ils ne sont pas barricadés, et de faire des retours offensifs ;

2º De repousser, par le feu ou à l'arme blanche, les colonnes d'attaque, qui auraient franchi les barricades, ou auraient pénétré dans le village par un point quelconque. La réserve spéciale doit donc être placée à proximité de la route qui mène de l'ennemi vers l'intérieur du village.

Elle doit être, autant que possible, soustraite aux vues et au feu de l'ennemi, jusqu'au moment où elle entre en action, mais elle doit être placée de telle façon, qu'elle puisse atteindre à temps le point menacé.

Le meilleur emplacement sera derrière une maison organisée défensivement et occupée par quelques hommes seulement, ou derrière un couvert du terrain.

La réserve générale a pour objet :

1º De repousser l'ennemi qui n'aurait pas cédé aux efforts de la réserve spéciale ;

2º De couvrir la retraite des défenseurs ;

3º D'occuper et de défendre certains quartiers du village, qui se trouvent à une assez grande distance des quartiers attaqués ;

4º Une partie de la réserve générale peut avoir pour mission d'occuper certains points à l'intérieur d'un village, tels que réduits, etc.

Dans les deux premiers cas, l'emplacement de la réserve générale est en arrière du centre du village.

Les *réduits* sont considérés comme des postes isolés. Ils ont leur garnison et leur commandant particulier. Les réduits protègent la retraite de la réserve générale et doivent tenir, si même le village est abandonné, pour favoriser les retours offensifs et en favoriser la reprise.

Si la défense possède de l'*artillerie*, on doit la placer de manière qu'elle ne puisse pas être attaquée directement par l'ennemi, ni pris en flanc par l'infanterie. Généralement on la place en arrière du village en des points dominants.

La *cavalerie* sera placée en arrière du village ou

sur le flanc. Elle ne peut contribuer que d'une manière indirecte à la défense.

La cavalerie fait des reconnaissances, elle sert de soutien aux pièces de l'artillerie, elle couvre les flancs en menaçant l'ennemi qui voudrait tenter une attaque, elle le poursuivra après une attaque rejetée.

La cavalerie sert encore à protéger la retraite d'une troupe dont le retour offensif a été repoussé.

DÉFENSE.

Il nous reste peu de chose à dire sur l'action des troupes pendant la défense.

Une recommandation essentielle à faire, est d'occuper le village le plus rapidement possible, de maintenir tout le monde à son poste, de prescrire de la vigilance contre les surprises, et de l'énergie contre les attaques de vive force.

Les chefs de groupe ne doivent faire exécuter le feu qu'à bonne portée. Rien ne presse. Le défenseur est à couvert derrière une bonne position, tandis que l'assaillant doit s'approcher à découvert.

On doit admettre en principe dans la défense, de ne pas commencer le feu trop tôt, et de ne répondre à celui de l'ennemi que lorsqu'il se trouve à bonne portée.

Au commencement de l'action, les chefs de groupe ne doivent permettre qu'aux meilleurs tireurs de faire usage de leurs armes, et ne commander le feu vif et à commandement, que lorsqu'on voit les colonnes ennemies s'avancer pour l'attaque.

Les soutiens ou des groupes particuliers doivent être disposés de manière à prendre les colonnes ennemies en flanc.

Si l'ennemi pénètre dans la première enceinte, les réserves spéciales le combattront d'abord avec un feu bien dirigé et le rejeteront à la baïonnette. Ce sera le moment où la cavalerie pourra le charger.

Mais comme l'assaillant sera toujours numériquement plus fort que le défenseur, il renouvelera rapidement l'attaque au moyen de troupes fraîches, que l'on rejetera de la même manière.

On ne doit jamais poursuivre l'ennemi au delà de la première enceinte.

Après chaque attaque rejetée, le défenseur reprend sa position primitive.

Si les défenseurs de la première enceinte sont rejetés, ils se rallient derrière la réserve générale; les réserves spéciales occupent la deuxième enceinte et la défendent pied à pied.

Si celles-ci sont également rejetées, la réserve générale entre en action, elle cherche à rejeter l'ennemi, et si tous ses efforts restent infructueux, elle se retire sous la protection du réduit.

Les défenseurs du réduit doivent se défendre à outrance et tenir le plus longtemps possible, afin de permettre aux troupes rejetées de se reformer pour tenter un retour offensif ou bien, pour attendre l'arrivée de secours.

ATTAQUE.

L'attaque d'un village doit être précédée d'une reconnaissance, qui est généralement faite par des patrouilles de cavalerie, sous la conduite d'un officier d'état-major.

Elle a pour objet de reconnaître le degré de solidité des défenses employées, le terrain et par suite le point d'attaque.

La reconnaissance aura encore pour objet d'examiner, si on ne peut pas tourner le village et s'il y a des batteries établies en arrière ou dans l'enceinte même.

Dans ce dernier cas, l'artillerie de 0.09 (6 ℛ) commence l'attaque en combattant les pièces de l'ennemi, tandis que l'artillerie de petit calibre tire contre les débouchés du village, pour y détruire les barricades, ou bien contre les pièces établies dans l'enceinte même (1).

On inonde le village de projectiles incendiaires, lorsqu'on ne doit pas le passer.

Les troupes de l'attaque sont formées en autant de

---

(1) Depuis que l'artillerie est perfectionnée, sa mission est devenue très facile. Ainsi, à Valenza, 18 et 19 mai 1859, les projectiles français lancés à une distance de 3,300 pas, détruisirent des épaulements autrichiens. Le 20 mai, les Français chassèrent les Autrichiens au moyen de quelques boulets lancés à 3,500 mètres des maisons fortifiées situées sur le pont, en face de Valenza.

de parties qu'il y a de points d'attaque. — Chacune d'elles comprend :

1º Des tirailleurs (1/3);
2º Des colonnes d'attaque (1/3);
3º Une réserve (1/3).

Une *forte ligne de tirailleurs*, suivie des soutiens, commence l'attaque. Les tirailleurs avancent à une allure accélérée, se jettent à terre, rampent, font feu, se relèvent brusquement, pour se porter avec rapidité, à travers le terrain découvert, derrière un obstacle, qui puisse les abriter contre les feux des défenseurs de l'enceinte. Ils se fixent à bonne portée de la première enceinte, et commencent de là un tir exact sur les ennemis qu'ils découvrent.

Toute l'enceinte doit être attaquée par les tirailleurs, pour masquer le véritable point d'attaque.

Quand l'ennemi est engagé dans un combat le long de la première enceinte, les colonnes d'attaque, formées en colonne de compagnies, par échelons, précédées par des travailleurs et des volontaires, avancent dans une allure rapide, pour pénétrer dans la première enceinte, par les brèches que l'artillerie aura faites. Les entrées principales sont les points où se dirigeront les attaques, à moins qu'un point faible et mal défendu ne les appelle.

Tandis que les colonnes d'assaut pénètrent dans la première enceinte, l'artillerie tire à obus sur les réserves placées dans l'intérieur du village.

Si l'attaque réussit sur un ou plusieurs points de l'enceinte, les tirailleurs s'y retranchent pour parer à toute éventualité, car il est de règle dans les combats de cette espèce, d'occuper le terrain conquis, mais spécialement les points importants.

Après s'être rendu maître de l'enceinte, l'assaillant doit chercher à s'emparer des entrées du village et des maisons situées à proximité.

Mais ces attaques ne doivent pas être faites d'une manière isolée; partout où l'on peut avancer, on doit lancer des colonnes contre l'ennemi, afin de le forcer à partager ses réserves, et de faire front de tous côtés à la fois. Il faut, à tout prix, prendre quelques maisons. Cette attaque doit, du reste, s'il est possible, être combinée avec une attaque en flanc, qui, si elle est habilement faite, contribue dans la plupart des cas, d'une manière décisive à la victoire.

A partir de ce moment, l'attaque devient de plus en plus difficile. L'ennemi se trouve devant des défenses qu'il ne connaît pas, il a à lutter contre des défenseurs invisibles, parfaitement retranchés, et, le plus souvent il ne peut amener de l'artillerie pour se faire des trouées.

Le combat se continue dans le village, une maison après l'autre doit être conquise, tous les moyens sont employés à cet effet.

Pendant ce temps, la réserve est arrivée à la première enceinte, où elle se met à couvert, et suit les troupes engagées à mesure qu'elles gagnent du terrain, tout en protégeant leurs flancs.

Si l'ennemi défendait avec acharnement quelques points isolés, qu'il serait difficile d'attaquer directement, on devrait chercher à les isoler, à les tourner, ou bien occuper des maisons d'où l'on puisse diriger un feu supérieur sur le défenseur.

Le combat se continue ainsi jusqu'à ce que l'ennemi soit chassé du village.

Alors on occupe la lisière opposée, on la fortifie pour prévenir les retours offensifs du vaincu, que l'on ne poursuit qu'avec des troupes fraîches, et après avoir convenablement occupé le village.

Le réduit reste encore intact.

Les circonstances détermineront si l'on doit l'attaquer immédiatement, ou bien seulement l'observer et attendre sa chute du temps.

On doit prendre le réduit, si l'ennemi est encore capable de tenter un retour offensif. A cet effet on amenera quelques pièces d'artillerie, qui feront une brèche dans le réduit auquel on livre l'assaut.

La cavalerie aura, pendant l'attaque, la mission de couvrir les flancs des colonnes d'attaque; mais on comprend facilement que cette arme ne peut prendre une part active dans le combat.

On peut cependant l'employer pour tenter une surprise en lançant des petits détachements dans les rues, pour empêcher les défenseurs de se rassembler et favoriser la marche de l'infanterie.

Il serait illusoire de l'employer dans une attaque directe; son rayon d'activité est en dehors du village. Elle doit surtout aider l'infanterie à déboucher du village conquis, si elle est obligée de le traverser.

D'après ce que nous venons de voir, l'attaque de

vive force d'un village, bien organisé défensivement et défendu par des troupes braves, présentera souvent de sérieuses difficultés.

On pourra, si les circonstances sont favorables, maintenir la garnison du village au moyen de fausses attaques et le tourner (1).

Organisation défensive des fermes.

Nous aurions à la rigueur peu à dire sur l'organisation défensive des fermes, après avoir traité en détail celle des villages. Cependant, pour ne pas nous exposer à faire quelque omission importante, nous passerons rapidement en revue les différents principes à observer dans la défense qui nous occupe.

Après avoir fait une reconnaissance préalable de la ferme et du terrain extérieur, l'officier prend ses dispositions pour la défense.

Les travaux à exécuter peuvent être résumés ainsi qu'il suit :

Organisation de la première enceinte ;

---

(1) Pendant la bataille de Wagram, le village de Markgraf-Neusiedl était défendu par 5 bataillons et une batterie d'artillerie.

Malgré la conduite admirable des colonnes d'attaques françaises, celles-ci ne purent s'emparer du village. Cependant la localité tomba au pouvoir des Français lorsque les colonnes de Davoust furent parvenues à tourner le village.

Organisation de la deuxième enceinte;
Organisation du réduit.

La première enceinte est formée de haies, de murs de clôture, qui entourent la ferme. On ferme toutes les issues qui conduisent à travers cette enceinte, par par des palissades, des palanques, des barricades, etc. dont on défend les approches au moyen d'abatis, de petits piquets, etc., etc.

Le flanquement de cette enceinte, s'il ne résulte pas du tracé même, doit être produit au moyen de tambours en palanques.

Toutes les routes qui conduisent vers l'ennemi doivent être fermées au moyen de barricades ou de coupures.

Il ne faut pas négliger de déblayer le terrain extérieur, ainsi que nous l'avons déjà indiqué précédemment.

La seconde enceinte est formée par les bâtiments de la ferme, dont un, duquel nous parlerons plus tard, formera le réduit.

Ces bâtiments sont mis en état de défense comme les maisons.

Toutes les ouvertures de la 2e enceinte doivent être bouchées, sauf une par face, fermée au moyen d'une barricade mobile et située dans un rentrant, afin de pouvoir assurer les communications entre ces deux enceintes.

Les murs de refend des différents bâtiments seront percés, afin de permettre la circulation dans les bâtiments de la ferme.

La défense intérieure de cette enceinte doit être détaillée avec soin (créneaux, machicoulis, etc.).

On doit conserver au moins une communication par face, vers la cour intérieure et préparer des barricades pour les fermer.

Le *reduit* sera généralement l'habitation du fermier, à moins qu'il n'y ait un bâtiment central, qui s'approprie à la défense.

Il sera choisi sur la ligne de retraite de la troupe.

Son organisation défensive se fait comme celle des maisons, avec cette différence, que le côté extérieur doit être plus fortement organisé que la seconde enceinte, afin que l'ennemi ait plus facile d'en attaquer un point quelconque que le réduit.

Si le réduit fait corps avec les bâtiments de la ferme, on doit chercher à l'isoler, même à l'entourer au dehors au moyen d'une forte palanque.

Les fermes sont occupées, défendues et attaquées d'après les principes établis dans le chapitre précédent.

Attaque et défense des retranchements.

CONSIDÉRATIONS GÉNÉRALES.

Les retranchements sont employés pour augmenter la force de résistance d'un point ou d'une certaine étendue de terrain, que l'on ne peut occuper qu'avec des forces relativement faibles.

Dans la défensive, ils brisent les forces de l'attaque

ennemie et procurent des points d'appui, à la faveur desquels, les manœuvres des troupes en arrière se font plus facilement, ou bien derrière lesquels des troupes battues peuvent venir se rassembler et se refaire.

Dans l'offensive, ils rendent également de grands services en permettant de garder des points momentanément menacés, avec de faibles détachements, ou des points qui pourraient être enlevés pendant l'attaque, et dont la perte compromettrait les opérations ultérieurs.

On établit donc des retranchements aux points qui correspondent aux conditions énoncées ci-dessus, et si les obstacles naturels y font défaut.

On doit cependant se garder d'établir des retranchements dont l'emplacement ne serait pas favorisé par la conformation du terrain.

La forme du retranchement dépendra de la nature du point à occuper.

Ceux d'une certaine importance, dont on doit rester possesseur à tout prix, doivent être entourés par un retranchement fermé, parfaitement construit.

Leur étendue dépendra de l'importance du point à occuper, et des forces dont on dispose pour leur défense.

Aux points de moindre importance et que l'on ne doit pas maintenir d'une manière permanente, on peut construire des retranchements ouverts à la gorge (1).

(1) Observons toutefois, qu'il ne suffit pas seulement d'établir des ouvrages de campagne, il faut encore les construire

MISE EN ÉTAT DE DÉFENSE D'UN OUVRAGE OUVERT A LA GORGE OU FERMÉ.

Le commandant du détachement chargé de la dé-

suivant la conformation du terrain, afin d'en battre toutes les pentes et tous les accès, surtout du côté de l'attaque.

Quant à leur nature (ouvrages ouverts à la gorge ou fermés), les uns et les autres ont leurs avantages et leurs inconvénients.

Ainsi, les 3 redoutes de Montelegino, que le général d'Argenteau attaqua vainement, amenèrent l'heureuse affaire de Montenotte, en donnant à Bonaparte le temps d'arriver.

Les redoutes de Montandran et de Cavinet, pendant la bataille du Toulouse, n'empêchèrent pas les Anglais d'enfoncer l'aile droite des Français.

Les 77 redoutes de la Muga, dont plusieurs avaient des fossés revêtus et un système de contre-mines, et qui étaient défendues par 250 canons, ne sauvèrent pas cette position fortifiée, ni le camp de Figueras, situé en arrière.

Les retranchements ouverts à la gorge des Polonais près de Dubienka (17 juillet 1794), ne les protégèrent pas contre une défaite sanglante.

Les ouvrages ouverts à la gorge et fermés près de Mozaysk, succombèrent sous les efforts des Français.

Vous voyons donc qu'il ne s'agit pas seulement de bien établir les retranchements, il faut aussi savoir les défendre énergiquement.

Nous ajouterons même, qu'en présence du perfectionnement apporté aux projectiles de l'artillerie, shrapnels, obus explosifs, fusées, dont les Autrichiens ont fait un grand usage dans la guerre d'Italie, et au moyen desquels ils ont obtenu des résultats sérieux aux combats de Incanale, Curtatone, Vicenza, l'emploi des retranchements fermés semble devenir problématique sur un champ de bataille, à moins d'employer des parapets et des traverses blindées, constructions souvent difficiles et longues.

fense d'un retranchement doit en faire la reconnaissance dès qu'il l'aura occupé.

Cette reconnaissance comprend deux parties bien distinctes :

1º La fortification elle-même ;
2º Le terrain extérieur.

Pour faire la reconnaissance de la fortification, l'officier doit se rappeler les conditions principales auxquelles la fortification de campagne doit satisfaire.

Nous allons les passer rapidement en revue :

1º Le développement d'un retranchement mesuré sur la ligne de feu, doit être proportionné au nombre de défenseurs.

2º A développement égal, il faut renfermer dans l'intérieur le plus de terre-pleins possible.

3º Toutes les parties de la fortification doivent être flanquées.

4º Tous les accès de la fortification doivent être battus par des feux croisés.

5º Toute fortification doit être établie en vue d'une défense directe.

6º Les angles saillants ne doivent pas être inférieurs à 60º et les angles rentrants doivent être compris dans la limite de 90º à 110º.

7º Tout ouvrage de fortification doit être bien défilé.

L'officier doit d'abord bien étudier la conformation de l'ouvrage, la direction des lignes de feu, dans quel but elles ont été tracées, quels accès elles battent.

Il voit si toutes les lignes sont convenablement flanquées, et si cela n'est pas, il étudiera les moyens pour remédier à ce défaut.

L'officier verra également si l'ouvrage est entouré de défenses accessoires, s'il y a des palissades, des fraises, etc., et quelles sont les défenses qu'on devra ajouter pour augmenter la résistance du retranchement.

Il verra également s'il peut abriter ses hommes contre les projectiles plongeants de l'artillerie, ou bien quelles mesures il devra prendre pour procurer cette protection à ses soldats.

Il examinera en outre s'il peut loger tous ses hommes sur le terre-plein. S'il y a un réduit, comment il est constitué, s'il n'y a pas de travaux à y faire; si l'ouvrage est fermé à la gorge, s'il y a des barrières, si les communications sont bien établies.

Dans un ouvrage fermé, il fera les mêmes remarques, et en outre, si le passage à travers le fossé existe, s'il est bien couvert, bien établi, sinon il devra prendre des mesures pour remédier aux défauts qu'il lui trouve.

Il s'assurera si l'ouvrage est bien défilé contre les hauteurs dangereuses, si l'infanterie est abritée sur 2 mètres et la cavalerie sur 2^m 50 de hauteur.

Cette dernière condition doit être absolument remplie, et l'officier fera hausser le parapet aux endroits, qui ne donneraient pas de couvert convenable,

Enfin, en dernier lieu, l'officier verra comment il doit distribuer sa garnison pour la défense, où il doit établir ses réserves.

Quand la reconnaissance intérieure est terminée, l'officier se porte sur le terrain extérieur pour l'examiner dans tous ses détails.

Ainsi il fera la reconnaissance de toutes les routes, chemins et sentiers qui aboutissent à l'ouvrage, et spécialement des communications que l'ennemi devra suivre. Le terrain lui-même sera examiné dans tous ses détails : les hauteurs, les ravins, les plis de terrain, au moyen desquels l'ennemi pourait tendre des embuscades.

Il devra également étudier la nature des obstacles sur la surface du sol, tels que marais, lacs, rivières, ruisseaux et quel rapport ils peuvent avoir avec l'attaque ou avec la défense.

Ensuite il étudiera, dans le rayon de 300 mètres, les obstacles du terrain qui pourraient entraver la défense, afin de les faire abattre s'il y a lieu, comme nous l'avons vu pour la défense des maisons et des villages.

L'officier fera mesurer la distance de l'ouvrage aux divers points saillants du terrain, afin que les feux puissent être dirigés efficacement.

Enfin, le terrain en arrière doit être étudié au point de vue d'une retraite.

Quand cette reconnaissance détaillée est faite, l'officier organise les travaux à faire, le service de surveillance et le service de défense.

SERVICE DE SURVEILLANCE.

La sécurité du retranchement dépend de l'activité du service de surveillance.

La surveillance doit se faire aussi bien à l'extérieur qu'à l'intérieur de l'ouvrage.

Les mesures de sûreté à prendre varient du reste pendant le jour, pendant la nuit, avec la nature du terrain extérieur et avec la distance à laquelle se trouve l'ennemi.

Si ce retranchement se trouve dans une grande plaine, ou sur une hauteur qui domine le terrain environnant, quelques sentinelles établies sur le parapet suffiront pour surveiller l'approche de l'ennemi.

Pendant la nuit, on fera bien d'envoyer au loin quelques sentinelles doubles, comme nous allons le voir un peu plus loin.

Mais, si l'ouvrage est établi de manière qu'on ne puisse voir au loin, si par exemple, à une certaine distance se trouvent des bois, il faut surveiller d'une manière spéciale toutes les routes qui le traversent, et le faire sillonner par de nombreuses patrouilles.

Avec de telles mesures de sûreté, on mettra un poste à l'abri d'une attaque par surprise.

Mais, si l'on veut prendre des mesures complètes, qui pourront également servir à augmenter la résistance de l'ouvrage, ce que nous avons dit précédemment (service des avant-postes) peut trouver son application ici, surtout si l'ouvrage est assez considérable et que la garnison affectée à sa défense soit assez forte.

Aussi fait-on dans ce cas entourer l'ouvrage d'une atmosphère de sûreté composée de grand'gardes, de petits postes et de sentinelles, placés dans les conditions énumérées, de manière à fournir au dehors une certaine résistance à l'ennemi, qui viendrait attaquer le retranchement.

Si celui-ci est petit et que la garnison ne soit pas nombreuse, on peut former le cordon de sûreté au moyen d'une ligne de sentinelles simples ou même doubles, qui auront pour objet spécial de prévenir le poste de l'approche de l'ennemi.

Pour les motifs énoncés dans le paragraphe relatif aux découvertes, rondes et patrouilles, on doit compléter le service de surveillance par de nombreuses patrouilles, dont le service doit être d'autant plus actif, que la chaîne de sentinelles est plus faible.

Ces sentinelles s'abritent derrière un obstacle du terrain, dans une embuscade, de manière à se dérober autant que possible aux vues de l'ennemi, sans toutefois se cacher, de manière à perdre de vue ce qui pourrait se passer sur le terrain qu'elles doivent surveiller.

La surveillance intérieure se fait, en plaçant des sentinelles aux angles saillants de l'ouvrage, d'où elles peuvent le mieux découvrir le terrain extérieur.

On en placera également aux barrières, afin de surveiller les entrées du retranchement.

A cet effet, la garnison est divisée en trois ou quatre parties, suivant sa force :

La 1re partie de garde (postes intérieurs et extérieurs).

La 2e partie de piquet.

Les 3e et 4e parties au repos.

Il faut cependant observer que ce repos n'est pas un repos absolu; les hommes de cette catégorie doivent toujours être prêts à prendre les armes et à concourir à la défense.

La partie de garde fournit les postes intérieurs, dont la force dépend du nombre de sentinelles à établir. Elle se calcule à raison de trois hommes par sentinelle.

Les postes extérieurs sont calculés d'après les bases établies précédemment pour le service des avant-postes.

La partie de la garnison qui est de piquet, est continuellement sur le qui-vive. Les hommes ne peuvent ni se coucher ni se déshabiller, et doivent être constamment prêts à repousser une attaque de l'ennemi ou à fournir des détachements pour faire les reconnaissances.

Outre le service de sûreté, le commandant d'un retranchement doit organiser un service d'espions, si toutefois il a les moyens nécessaires à sa disposition.

Les espions, quand on peut s'y fier, peuvent rendre des services à un double point de vue: recevoir des nouvelles de l'ennemi, et lui faire parvenir des rapports faux pour l'induire en erreur.

Ces espions, appelés espions doubles, sont cependant fort dangereux, il faut s'en servir avec beaucoup de prudence et les traiter avec rigueur si on les trouve en défaut.

Les espions sont de diverses natures. On en trouve qui font ce métier dangereux par amour de l'argent, ou par inclination ou par attachement.

Il faut savoir exploiter ces différentes catégories.

On peut encore recevoir des nouvelles de l'ennemi par des déserteurs, par des prisonniers, par des voyageurs.

A tous les travaux que nous avons signalés il faut ajouter le nettoyage du terrain *extérieur*. Ce travail se fait comme pour la mise en état de défense des villages; nous ne nous y arrêterons pas davantage.

INSTRUCTION DE LA GARNISON.

Dès que toutes les mesures de sûreté sont prises, l'officier commandant le poste s'occupe de l'instruction spéciale de sa garnison en vue de la défense.

A cet effet la garnison est divisée en trois ou quatre parties, suivant que l'ouvrage est ouvert à la gorge ou fermé.

La garnison d'un ouvrage ouvert à la gorge sera divisée en quatre parties :

1º Défenseurs du parapet avec des soutiens;
2º Réserve spéciale ;
3º Réserve générale placée en dehors ;

4° Garnison du réduit.

Celle d'un ouvrage fermé, en :

1° Défenseurs du parapet avec soutiens;
2° Réserve;
3° Garnison du réduit.

Le commandant indique à chaque soldat sa place, et la manière d'exécuter le feu, suivant la distance à laquelle se trouve l'ennemi.

S'il a du temps, il les exercera au tir, fera des théories sur diverses suppositions d'attaque, et il expliquera aux hommes ce qu'ils auront à faire dans chaque cas particulier.

Le commandant indiquera également aux réserves l'emplacement qu'elles auront à occuper et la conduite à tenir dans les diverses phases de l'engagement.

Il fera quelquefois donner l'alarme, pour s'assurer si ses hommes sont vite à leur poste, et il vérifie si tout le monde a bien compris ses intentions.

Il ne faut cependant pas abuser de ce moyen, car au moment du danger les hommes pourraient encore croire à une fausse alerte et ne plus tant se presser.

Pour mieux faire voir à ses hommes le jeu de la défense, il fera un simulacre d'attaque par une partie de sa troupe, il leur enseignera à poursuivre l'ennemi et à opérer la retraite.

Les exercices faits dans ce sens augmenteront la force morale des défenseurs, leur donnera plus de confiance dans leur force, leur fera mieux apprécier les avantages de leur position et en augmenteront les garanties pour la bonne défense.

La garnison du réduit sera complétement indépendante de la garnison de l'ouvrage.

Elle aura un commandant particulier, qui instruira ses troupes comme nous venons de le dire.

Si l'ennemi est attendu, tous les soldats seront à leur poste. Les hommes destinés à défendre le parapet, campent sur les banquettes, leurs soutiens en arrière, les réserves dans une position centrale ou dans une traverse ou un parapet blindé, s'il y en a.

Dans des ouvrages ouverts à la gorge, la cavalerie sera placée en arrière de la gorge de l'ouvrage, afin de prononcer des attaques de flanc contre l'adversaire ou bien pour repousser les colonnes ou les réserves de l'ennemi, qui auront pour objet d'attaquer l'ouvrage par la gorge.

DÉFENSE D'UN OUVRAGE ISOLÉ, OUVERT A LA GORGE OU FERMÉ.

La défense des retranchements est extrêmement difficile. Quoique les hommes soient à couvert, il leur faut une force morale bien grande, pour lutter avec avantage contre l'assaillant. Tous les militaires qui ont acquis l'expérience du champ de bataille, sont d'accord sur ce sujet.

On pourrait en chercher la cause dans la répugnance du soldat à combattre dans une espace resserré, à attendre l'ennemi de pied ferme, sans pouvoir aller au devant de lui.

Quoi qu'il en soit, l'officier à qui l'honneur d'une telle défense est confié, devra savoir relever le moral de ses soldats, montrer lui-même l'exemple du courage, qu'on ne pourra jamais trop déployer.

Trois qualités sont indispensables à un chef qui veut bien défendre son poste avec honneur : du sang-froid, de la ténacité, de la vigilance.

Il lui faut de la vigilance, pour éviter une surprise; du sang-froid, pour envisager le danger d'un œil calme et savoir diriger énergiquement la défense; il lui faut de la ténacité, pour disputer l'ouvrage pied à pied à l'ennemi et pour ne pas désespérer de le reprendre par un vigoureux retour offensif, s'il venait à en être rejeté.

DÉFENSE CONTRE UNE ATTAQUE PAR SURPRISE.

Si le commandant de l'ouvrage a pris toutes les mesures de précaution que nous avons indiquées précédemment, sa garnison ne peut pas être surprise.

Voyons cependant quelle doit être la conduite de la défense au cas où l'ennemi tentera une surprise.

Nous supposerons que les mesures de précaution prescrites sont prises, mais que l'ennemi croit à tort que la surveillance est négligée.

Le commandant du retranchement est vite prévenu par ses sentinelles avancées de l'approche de l'ennemi.

Il fait occuper à chaque soldat son poste, les soutiens et les réserves prennent leur emplacement sans bruit.

Les soldats, qui garnissent les banquettes ou les gradins, auront soin de se cacher; les sentinelles mêmes se retirent de leur position élevée, afin que les défenseurs semblent endormis et sans défense.

L'ennemi, encouragé par cette situation, se précipitera à l'attaque, mais il est arrêté par les défenses accessoires; à cet instant, toutes les banquettes se garnissent et tous les soldats font un feu violent et à bout portant sur l'assaillant, qui voyant son attaque déjouée, cherchera son salut dans la fuite.

S'il résistait, la défense pourrait envoyer sur ses flancs un ou deux petits détachements composés de soldats intrépides, qui l'attaqueraient à la baïonnette.

Si l'on était réellement surpris, le commandant du poste doit rallier son monde, rétablir l'ordre au plus tôt et combattre comme nous allons l'indiquer.

DÉFENSE CONTRE UNE ATTAQUE DE VIVE FORCE.

Dès que l'ennemi est annoncé, le commandant fait fermer les barrières dont il met les clefs en poche, afin de montrer aux soldats, que leur salut est dans une défense héroïque et qu'ils ne doivent pas songer à la retraite.

Il passe rapidement les défenseurs en revue, et les harangue par quelques mots énergiques.

Les postes extérieurs auront pour mission de bien observer l'emplacement des batteries de l'attaque.

Ils combattent à outrance, ou se replient sur l'ouvrage, suivant les instructions qu'ils ont reçues, et se jettent dans le fossé, si l'ouverture d'une barrière peut occasionner du danger.

Dans les circonstances ordinaires, les sentinelles, petits postes et grand'gardes tiennent le plus longtemps possible, se retirent en combattant sans se compromettre.

L'artillerie de l'ouvrage ne combat l'artillerie ennemie, que jusqu'au moment où celle-ci a réglé son tir (1).

La défense retire ses pièces et les met à l'abri sous une traverse ou sur le terre-plein, pour les ramener en batterie au moment où les colonnes d'attaque apparaissent (2).

---

(1) Les caissons et les avant-trains doivent être placés en dehors des ouvrages en des endroits couverts. Leur emplacement à l'intérieur diminue la surface du terre-plein, et si un caisson venait à sauter, la défense de l'ouvrage pourrait être compromise.

Par suite d'un pareil accident, les Autrichiens parvinrent à enlever rapidement un retranchement piémontais au combat de Curtatone.

(2) Dans l'attaque des cantonnements français sur la Passarge (1807), le général russe Rembow, attaqua avec des forces nombreuses la tête de pont de Spanden, armée de 4 pièces d'artillerie. 31 pièces préparaient l'attaque.

L'artillerie française ne répondit que pendant un court espace de temps à l'artillerie russe, puis on la retira des remparts.

Dès que l'ennemi est à portée des petites armes, on fait monter les hommes sur les banquettes ou sur les gradins.

Dans les premiers moments, il faut être avare de son feu et ne le faire exécuter que par les meilleurs tireurs qui, abrités par des créneaux de sacs à terre, ripostent, par des coups bien ajustés, au feu de tirailleurs de l'attaque.

Dès que les colonnes d'attaque se montrent, on fait exécuter le feu par tous les hommes, on remet les pièces en batterie, qui tirent sur l'ennemi avec des obus explosifs, des shrapnels, des boîtes à balle, suivant la distance à laquelle il se trouve.

Les feux ne doivent pas s'exécuter trop tôt, car l'effet moral qui accompagne toujours les pertes serait perdu.

On a vu de bonnes troupes attendre pour tirer que l'ennemi fut arrivé aux défenses accessoires.

Cette prescription devrait devenir la règle avec les armes se chargeant par la culasse.

Si on a eu le temps de construire des fougasses pierriers, des fougasses à bombes ou des torpedos, on les fera jouer au moment où les colonnes d'attaque se trouvent à l'emplacement où les projectiles peuvent les atteindre.

Encouragés par le silence de l'artillerie française les colonnes d'attaque s'avancent. Arrivées à l'abatis, qui couvrait la tête de pont, les 4 pièces furent remises en batterie, et ouvrirent un feu vif à mitraille contre l'assaillant, qui fut rejeté avec des pertes énormes.

L'explosion des fougasses ou des torpedos jetteront le trouble dans les colonnes, qui s'arrêteront momentanément.

La défense profitera de ce moment pour accabler l'ennemi d'un feu bien dirigé, qui sera d'autant plus meurtrier, qu'il se fait à une petite distance, 40 à 50 mètres de l'ouvrage.

Dans les ouvrages considérables, qui ont une grande garnison, la réserve placée à l'extérieur fait une attaque sur les flancs de l'ennemi, après que les fougasses auront joué.

Si, malgré le feu à bout portant dirigé sur l'assaillant, il parvient à se jeter dans le fossé, où il est à l'abri des feux de l'ouvrage, il faut l'inonder de grenades à mains, d'obus, de grosses pierres, qu'on fait rouler dans le fossé.

Ce sera le moment de faire faire une attaque brusque par quelques hommes courageux, qui, cachés dans le fossé, s'élanceront sur les flancs de l'adversaire en faisant feu, en l'attaquant à la baïonnette et en jetant de grands cris.

Dès que l'ennemi escalade le parapet, les défenseurs se portent sur la plongée et tâchent de rejeter l'ennemi dans le fossé au moyen de la baïonnette.

Si tous ces moyens ne réussissent pas pour rejeter l'adversaire, et si celui-ci a pénétré dans l'ouvrage, les réserves partielles font un retour offensif en agissant avec le feu et avec la baïonnette.

Cette attaque est combinée avec le feu des défenseurs du réduit.

Le commandant du retranchement doit bien persuader aux hommes, que le moment où l'adversaire a pénétré dans l'ouvrage, n'est pas celui qui correspond avec la perte du retranchement. C'est au contraire un moment critique pour l'assaillant, qui se trouve débandé, en désordre, haletant d'avoir escaladé le parapet, devant des soldats en bon ordre, calmes, maîtres de leur feu.

En poussant l'attaque avec vigueur, l'assaillant doit succomber devant une troupe en bon ordre.

Mais il n'en est pas toujours ainsi; l'assaillant se reforme, et reprend de la consistance.

C'est le moment où la réserve principale, à l'abri jusque-là derrière le réduit ou derrière une traverse, donne le dernier coup à l'ennemi, soutenue par les feux du réduit, qu'on aura soin de ne pas masquer.

Si l'attaque est rejetée, on poursuit les fuyards par les feux d'infanterie et d'artillerie, et par de la cavalerie, si l'on en possède : on répare les défenses, et on réorganise le service contre une nouvelle attaque.

Cependant la force numérique de l'assaillant lui procure souvent la victoire; les différents éléments rejetés se reconstituent, se renforcent par les troupes de réserve, qui continuent leur marche en avant. Le défenseur doit succomber sous le nombre.

Après avoir fait un dernier effort inutile contre l'assaillant, le commandant rassemble sa troupe autour de lui, et cherche à se faire jour à travers les rangs ennemis au moyen de la baïonnette, afin de gagner un bois, un village, une position quelconque, où il puisse braver l'effort du poursuivant en attendant du renfort, pour aller reprendre le retranchement où souvent la garnison du réduit attend pour lui tendre la main.

Le réduit doit être défendu avec beaucoup de vigueur. S'il est en terre, la défense se fait comme nous venons de l'indiquer.

Si c'est un blockhaus, il faut veiller particulièrement sur l'entrée, en empêcher les approches, éviter qu'en embouche ou qu'on ferme les créneaux, empêcher surtout l'incendie.

Si le réduit est une maison, un château, la défense se fait comme nous l'avons indiqué précédemment.

Le commandant du réduit ne doit pas capituler, car si l'ennemi propose la capitulation, c'est qu'il a intérêt à la voir conclue et la défense en a à ne pas l'accorder.

On doit, au contraire, tenir le plus longtemps possible tête à l'ennemi et gagner du temps, pour que les troupes rejetées puissent reprendre l'offensive, et au pis aller attendre des secours.

Il peut arriver, qu'un ouvrage ouvert à la gorge n'ait pu être fermé par une palissade, ou par un moyen quelconque. Dans ce cas, il faut veiller d'une manière spéciale à la gorge de ces ouvrages.

Quelques auteurs proposent de mettre en arrière de la gorge une ou deux réserves extérieures qui auront pour objet spécial de veiller à la sûreté de cette partie de l'ouvrage.

Elles pourront également prendre les colonnes de

l'assaillant en flanc, quand elles seront arrêtées par les défenses accessoires établies sur le glacis.

Ces réserves extérieures attaqueront également les détachements ennemis, qui seront envoyés pour tourner l'ouvrage et pour l'attaquer par la gorge.

ATTAQUE DES OUVRAGES ISOLÉS, OUVERTS A LA GORGE OU FERMÉS.

La manière d'attaquer un ouvrage de fortification passagère dépend de sa constitution.

Les ouvrages construits à la hate, au bout de quelques heures, au bout d'une nuit, qui sont le plus habituellement employés de nos jours, et que l'on n'aura pas eu le temps de renforcer par des défenses accessoires, dont le profil n'est pas élevé, qui en un mot, ne présentent pas un degré de résistance bien grand, peuvent être attaqués de vive force, sans beaucoup de préparatifs.

Il n'en est pas de même des ouvrages qui présentent un plus grand degré de force, dont les fossés sont plus profonds et flanqués, dont le relief est considérable, dont, en un mot, la défense est organisée d'une façon minutieuse.

Quel que soit d'ailleurs le genre d'ouvrage, l'attaque doit être précédée d'une reconnaissance.

RECONNAISSANCE.

La reconnaissance a pour objet:

1º La position et la nature de l'ouvrage, s'il est ouvert ou fermé à la gorge;

2° Son développement, la longueur et la forme de la ligne de feu ;

3° Les dimensions du profil;

4° Le nombre et l'emplacement des pièces d'artillerie;

5° La profondeur des fossés, sa défense par des caponnières ou par des feux flanquants. On doit surtout reconnaître ceux qui n'ont pas de flanquement;

6° S'il y a un réduit dans l'ouvrage et comment il est constitué;

7° La force de la garnison, sa valeur morale, ainsi que celle du commandant;

8° L'emplacement des réserves de la défense;

9° Enfin le terrain extérieur, les défenses accessoires qui précèdent le fossé, si le terrain présente des couverts pour la marche des colonnes, des abris pour les tirailleurs, s'il y a des chemins et des sentiers qui y conduisent, afin de pouvoir au besoin se diriger la nuit.

Le terrain en arrière de l'ouvrage ne doit pas non plus échapper à l'attaque, c'est par là que l'ennemi se retire, s'il est forcé d'abandonner sa position.

Cette reconnaissance peut en partie se faire de loin avec une bonne lunette d'approche, en se plaçant sur une hauteur, un arbre élevé, dans un ballon captif, etc., ou bien encore, par une reconnaissance faite la nuit en s'approchant de l'ouvrage à la faveur de l'obscurité.

La cavalerie rendra de grands services dans ces

reconnaissances. Quelques cavaliers fondront sur les sentinelles avancées, les chasseront, et parcourront rapidement le terrain en avant.

On doit cependant éviter des escarmouches si la nature de l'ouvrage ne les exige pas.

La reconnaissance faite, on détermine le point d'attaque.

DIFFÉRENTS GENRES D'ATTAQUE.

L'attaque des ouvrages de campagne peut se faire ;
1° Par surprise ou par ruse ;
2° De vive force ;
3° Pied à pied.

ATTAQUE PAR SURPRISE OU PAR RUSE.

On attaque un ouvrage par ruse ou par surprise, lorsqu'on a lieu de croire que la garnison est indolente, que le service se fait mal, que la discipline faiblit, que la garnison est mutine par suite de manque de vivres, que le moral de la garnison est mauvais, que le commandant est inhabile et faible.

L'attaque se divise en autant de colonnes qu'il y a de points d'attaque, chaque colonne est suivie d'une réserve, qui aura pour mission de protéger au besoin la retraite. Les colonnes marchent la nuit pour pouvoir commencer l'attaque au point du jour.

L'attaque doit être rapide et vigoureuse, afin de

surprendre la garnison et de la vaincre, avant qu'elle ait eu le temps de se reconnaître.

A cet effet, les colonnes, précédées de tirailleurs, s'avancent en silence et à couvert. Quelques hommes déterminés, envoyés en avant, égorgeront les sentinelles; dès ce moment aucun obstacle ne s'oppose plus à la marche des tirailleurs et des colonnes.

Les tirailleurs se précipitent dans les fossés, escaladent les parapets, tuent tous les défenseurs qu'ils rencontrent, ne laissent pas aux sentinelles le temps de donner l'alarme; ils entourent la garnison, et la tiennent en échec jusqu'à ce que la colonne qui suit, soit arrivée à l'intérieur de l'ouvrage.

Tout est perdu pour la défense si le réduit, contre lequel on doit diriger un détachement spécialement désigné, tombe dans cette attaque.

La réserve reste sur la contrescarpe pour protéger la retraite.

Si l'attaque était repoussée, les artilleurs, dont quelques-uns doivent accompagner les troupes d'attaque, doivent au moins chercher à enclouer les pièces.

Les assaillants opèrent la retraite sous la protection des troupes en arrière.

ATTAQUE DE VIVE FORCE.

L'attaque de vive force se fait, quand on est pressé par le temps, que la possession de l'ouvrage est indispensable à la bonne conduite des opérations ultérieures, et qu'on ne peut espérer le prendre par ruse ou par surprise.

Pour prendre un ouvrage de vive force, il faut que les forces totales de l'attaque soient au minimum triples de celles de la défense.

L'attaque de vive force se prépare au moyen de l'artillerie, qui sera placée en batterie de 1,000 à 1,200 m. de l'ouvrage; elle sera abritée derrière un épaulement ou la crête d'une colline.

Elle sera placée de manière à battre directement, d'écharpe ou d'enfilade les batteries de la défense afin d'en démonter l'artillerie. Elle a encore pour objet de détruire les défenses accessoires, sur une largeur égale au moins à celle de la colonne d'assaut.

Dès que cet effet est obtenu, elle jette des feux courbes sur les réserves et sur le réduit de l'ouvrage. Pendant ce combat d'artillerie, les colonnes d'attaque sont placées à couvert derrière des plis de terrain.

Les différentes colonnes, égales en nombre à celui des points d'attaque, seront divisées:

1º En tirailleurs et leurs soutiens;
2º En colonnes d'attaque;
3º En réserve.

Quelquefois on pourra encore former de petites colonnes pour faire des démonstrations.

L'artillerie aura son soutien.

Dès que les pièces de la défense sont démontées, les tirailleurs, placés dans l'intervalle des pièces et suivis de leurs soutiens, s'élancent en avant au pas de course jusqu'à 200 ou 300 m. de l'ouvrage, là ils se couchent à plat ventre, s'abritent autant que possible contre les feux des défenseurs, et tirent sur ceux qu'ils découvrent.

Pendant que l'attaque directe se fait on doit chercher à attaquer également l'ouvrage par la gorge.

Ainsi, un bataillon attaquant un ouvrage pourrait être divisé de la manière suivante :

1 compagnie en tirailleurs pour attaquer l'angle saillant;

1 compagnie pour la colonne d'attaque ;

2 compagnies comme réserve ;

1/2 compagnie comme soutien de l'artillerie ;

1/2 compagnie pour faire une démonstration ;

1 compagnie pour attaquer la gorge de l'ouvrage.

Les tirailleurs chercheront à gagner du terrain et et s'approcheront autant que possible de l'ouvrage, en tenant constamment les défenseurs en échec.

Les colonnes d'attaque suivent les tirailleurs.

Dès qu'elles sont arrivées à 150 pas de ces derniers, ceux-ci se précipitent au pas de course jusqu'à la contrescarpe du fossé, s'y fixent et font un feu bien ajusté sur les défenseurs du parapet.

Ces colonnes sont précédées de travailleurs, munis de haches, de scies, pour achever la destruction des défenses que l'artillerie a déjà endommagées, et pour ouvrir un débouché à la colonne. Ils peuvent être munis de madriers, de ponts roulants, pour jeter sur le fossé; de claies, de fascines, pour jeter sur les trous de loup, etc., sinon il faut les combler. Les palissasades seront détruites à coups de hache, il en sera de même des petits piquets, des chevaux de frise, des croix de Saint-André, etc.

Il est bon d'adjoindre à ces colonnes d'attaque quelques mineurs pour éventer les fougasses ordinaires, les fougasses à bombes et couper les mèches de communication.

Ces dispositifs seront facilement reconnus, surtout s'il a plu, ou s'ils sont récemment construits.

Il n'en est pas de même des torpedos, qui sont plus difficiles à découvrir.

Les palissades peuvent, au besoin, être renversées avec de la poudre ou de la dynamite.

On couvrira le fossé des caponnières de fascines, de branchages, pour préparer un pont à la colonne.

Les créneaux seront embouchés.

Si les escarpes sont fort élevées et très-roides, il faut des échelles pour les franchir.

S'il y a des chausses-trapes devant l'ouvrage ou dans le fossé, on les balaye.

Dès que les difficultés sont aplanies, la colonne d'attaque arrive au pas de course, passe le fossé si l'on a pu jeter un pont, ou se jette dans le fossé, pour se mettre immédiatement à l'abri des feux directs de l'ouvrage.

Une partie de cette colonne gravit l'escarpe et le parapet, sur un front large, tâche de rejeter les défenseurs à l'intérieur de l'ouvrage, en l'attaquant avec impétuosité à la baïonnette, tandis que la deuxième partie, en ordre serré, se tient en réserve au pied du talus extérieur.

La réserve suit pour appuyer l'attaque, si cela est nécessaire, ou pour protéger la retraite des colonnes d'attaque.

Si le succès de la colonne d'attaque est assuré, les tirailleurs se précipitent également dans l'intérieur de l'ouvrage pour prendre part à la lutte.

La réserve est alors dirigée vers la gorge de l'ouvrage, pour prendre la réserve de l'adversaire à revers.

Aussitôt que les défenseurs de l'ouvrage sont dispersés, la réserve est lancée à leur poursuite.

On cherchera à prendre le réduit du même coup.

Si le réduit est en terre, on l'attaquera comme nous venons de le dire, et s'il est déjà endommagé par l'artillerie, sa résistance ne sera pas longue; s'il tient bon, on somme la garnison de capituler.

Si la garnison n'accepte pas la capitulation, on emmène de l'artillerie par une trouée, que les travailleurs feront au saillant de l'ouvrage, pendant que les autres troupes combleront le fossé, afin de battre le réduit en brèche. Pendant ce temps les assaillants se blottiront derrière les traverses ou derrière le talus extérieur et continueront la lutte contre les défenseurs du réduit.

Dès que l'ouvrage est pris, on l'occupe, et on réorganise immédiatement la défense, pour résister à un retour offensif d'un adversaire hardi, qui profitera du moment de désordre qui suit généralement le succès des troupes de secours.

Si l'ouvrage est très-important, que la défense soit imposante, on pourra construire des batteries qui pendant la nuit, inonderont l'ouvrage de feux de toute espèce, ruineront son artillerie, ses défenses accessoires, et ne laisseront aucun repos à la garnison.

On l'attaquera vigoureusement le lendemain matin, comme nous venons de le dire.

La cavalerie de l'attaque pourra être employée pour prononcer une attaque à la gorge de l'ouvrage, si on a négligé de la fermer, ou bien elle sera placée sur la ligne de retraite de l'ennemi, afin de la lui couper.

Nous avons supposé que l'attaque réussit, mais il n'en sera pas toujours ainsi; dans ce cas, l'assaillant aura à se retirer le plus vite possible et sa retraite sera généralement marquée par des pertes sensibles, si la défense est vigoureuse.

L'assaillant aura en effet à défiler à travers le passage, que les travailleurs auront créés dans les défenses accessoires, et ce défilé devra être passé sous le feu à bout portant des défenseurs de l'ouvrage.

Pour diminuer ces pertes autant que possible et tenir les défenseurs de l'ouvrage en échec, la réserve se déploiera en tirailleurs, fera un feu bien nourri et bien ajusté sur les défenseurs, qui se montrent au-dessus de la ligne de feu.

Pendant ce temps, les tirailleurs et la colonne d'attaque se retirent derrière un pli de terrain, pour se reformer et soutenir la réserve, qui, si les circonstances sont favorables, reprendra l'offensive.

Sinon, les tirailleurs se retirent peu à peu en s'abritant, autant que possible, derrière les obstacles du terrain (1).

(1) Voici quelques exemples d'attaque de redoutes des retranchements de Duppel pendant la guerre de 1864 dans le Schleswig-Holstein.

Attaque de la redoute n° III.

Le 17 avril 1864, le bataillon prussien, major Meden, établit ses avant-postes en avant des redoutes VI, VIII et IX.

Les sentinelles se trouvaient dans des embuscades à 250m en avant des retranchements. Trois compagnies formant soutien étaient placées dans le prolongement de la 2e parallèle près Oster-Duppel, et une compagnie de piquet près de la batterie n° 13. 2 bataillons, l'un à Rirch-Duppel, l'autre à Wester-Duppel, formaient les replis des avant-postes.

La colonne d'assaut se composait de 6 compagnies réparties comme suit :

1 compagnie en tirailleurs.
1 compagnie de travailleurs précédant la colonne.
2 compagnies pour la colonne d'assaut proprement dite.
2 compagnies en réserve.

La colonne d'assaut était placée à couvert en arrière de la 3e parallèle.

L'attaque commença par un feu violent d'artillerie de siége.

Dès que l'effet désirable fut produit, les tirailleurs s'élancèrent contre la redoute n° 3, se jetèrent à terre à une petite distance de la redoute, afin de permettre aux troupes en arrière, placées dans les parallèles de répondre aux feux de la redoute, tout en tiraillant contre les défenseurs des parapets.

Aussitôt les travailleurs de la colonne d'assaut s'avancent munis d'échelles, de sacs à terre, de planches, de gabions, etc., et protégés par le feu des tirailleurs, se jettent sur la contrescarpe et dans le fossé, pour détruire les défenses accessoires et préparer un chemin à la colonne d'assaut.

La colonne d'attaque suit dans une allure vive, et atteint le

ATTAQUE PIED A PIED.

Enfin l'attaque pied à pied se fait, quand aucune des deux méthodes précédentes n'est applicable.

Il n'entre pas dans le cadre de ce travail de décrire les travaux nécessaires pour s'emparer d'un ouvrage de campagne par cette méthode, qui font passer l'ennemi par les travaux pénibles et sanglants d'un siége, mais nous dirons, que ce résultat est le plus

fossé en quelques minutes, non sans avoir essuyé beaucoup de pertes. Elle se jette dans le fossé, tandis qu'une compagnie cherche à tourner l'ouvrage pour faire une attaque par la gorge.

Après avoir remis un peu d'ordre dans la colonne d'attaque elle monte à l'assaut du parapet.

Une violente lutte à la baïonnette s'engage entre les assaillants et les défenseurs, qui se rendent, vaincus par le nombre.

La formation adoptée pour l'assaut de la redoute n° IV des mêmes retranchements était la suivante :

Avant garde. 1 compagnie en tirailleurs.
      „   1 compagnie de pionniers (génie).
      „   1 compagnie de travailleurs.
Gros. 3 compagnies.
      „   1 officier d'artillerie, 4 sous-officiers et 20 artilleurs.

Détachement de gauche. 1 compagnie pour surveiller les communications entre les redoutes IV et V.

Détachement de droite. 1 compagnie pour surveiller les communications entre les redoutes IV et III.

Réserves. 3 compagnies.
    1 compagnie pour le détachement de gauche.
    1 compagnie pour le détachement de droite.

beau, que l'on puisse obtenir avec un ouvrage de campagne.

De l'importance des bois dans la tactique moderne.

Anciennement les armées évitaient autant que possible les combats dans les bois, parce que les marches à travers ces obstacles détruisaient l'ordre tactique de l'infanterie.

On se contentait généralement de couvrir le bois au moyen d'un abatis, que l'on défendait par une ligne d'infantérie, car on ne supçonnait pas la possibilité de les traverser au moyen de colonnes; on les évitait comme un terrain impraticable.

Les armées s'en servaient tout au plus pour y appuyer une ou les deux ailes de leur position.

Mais depuis la guerre de l'indépendance de l'Amérique, depuis le nouveau système de combattre dans les guerres de la révolution française, pendant lesquelles le terrain où se livraient les batailles des campagnes de 1792-1793-1794 présentait tantôt des terrains coupés, tantôt des terrains boisés, où le système de tirailleurs fut introduit dans toute son étendue, nous voyons les bois jouer un rôle important à la guerre.

Et sans parcourir toute l'histoire militaire depuis cette époque, nous trouvons dans la guerre de la sécession d'Amérique de 1861 à 1865, dans la guerre de 1866 de la Prusse contre l'Autriche, et enfin dans la dernière guerre de la Prusse contre la France 1870-1871, des exemples innombrables de combat dans les bois.

Leur emploi dans les dernières guerres a été multiple; mais la plupart du temps on s'en servait pour renforcer le front des positions, ainsi que les lignes de défense.

Sur le champ de bataille, les bois mettent l'infanterie à l'abri des attaques et des poursuites de la cavalerie, ils masquent les dispositions prises, les mouvements des troupes, dérobent les défenseurs à la vue de l'ennemi, qui doit s'avancer sur un terrain découvert pour combattre un ennemi parfaitement abrité.

Les bois, comme nous le montrent les exemples des dernières guerres, sont difficiles à conquérir, et la défense énergique du bois de Nachod (1866) par les Prussiens contre les Autrichiens l'atteste.

Mais si l'attaque en est difficile, la défense ne l'est pas moins; elle peut être considérée comme un des problèmes les plus difficiles de la tactique moderne.

Les meilleures troupes, les troupes les mieux disciplinées finissent par perdre tout lien tactique, elles sont par la force des choses dérobées à l'œil vigilant du chef.

Le commandant du bataillon ne peut plus diriger l'ensemble du mouvement qui lui échappe, sa vue ne peut pénétrer à travers les arbres; le combat est conduit par les commandants des compagnies, qui combattent en ligne, sans avoir la certitude de pouvoir être soutenus par les réserves placées à l'intérieur.

Cette situation n'est pas sans danger pour une armée, et on doit reconnaître que dans un combat pareil, il faut des chefs habiles, intelligents, au coup d'œil militaire, qui puissent agir d'une manière indépendante pour atteindre un but commun, en tâchant de tirer profit des avantages que procurent le fusil à tir rapide, et l'emploi judicieux de la baïonnette.

Nous voyons donc que dans ces genres de combat, il faut surtout éviter la dissémination des forces.

Nous reviendrons encore sur cette question en traitant de la distribution des forces pour la défense des bois.

RECONNAISSANCE DES BOIS.

Avant de prendre les dispositions nécessaires pour rendre un bois défensif, ont doit en faire la reconnaissance, qui porte :

1° Sur sa situation topographique par rapport à d'autres accidents du terrain situé à proximité;

2° Sur son étendue en largeur et en profondeur;

3° Sur la nature de ses lisières;

4° Sur la nature du bois;

5° Sur sa constitution intérieure : s'il est épais, s'il contient des clairières, s'il s'y trouve des lieux habités (maisons, fermes, village) et de quelle nature ils sont; si le terrain est uni, accidenté, montagneux, sec, humide, marécageux, s'il est parcouru par une rivière; s'il s'y trouve des ponts, des digues, et quel parti on peut en tirer; s'il s'y trouve des routes et des sentiers, et indiquer leur nature;

6° Sur le terrain en avant et en arrière du bois, s'il s'y trouve des positions militaires;

7° Sur les maisons, fermes, hameaux, villages qui se trouvent à proximité; indiquer leur distance de la lisière du bois et si on peut les utiliser à la défense.

ORGANISATION DÉFENSIVE D'UN BOIS. (Pl. V.)

Pour organiser un bois défensivement, on emploie des abatis, des barricades, des palissades, des palanques, des retranchements, des embuscades pour 2 à 4 tirailleurs, des tranchées-abris, en un mot, tous les moyens artificiels qui peuvent être d'un emploi utile.

Le terrain en avant de la lisière à portée de fusil doit être nettoyé, comme nous l'avons indiqué dans la défense des villages.

La lisière doit être fortement constituée. Aux endroits où les arbres ne présentent pas un abri convenable, on créera des obstacles capables d'abriter les tirailleurs, qui auront pour objet de surveiller le terrain extérieur, de donner des feux flanquants sur les angles saillants et des feux croisés sur les accès du bois.

On établira des ouvrages de campagne aux points les plus convenables et on les armera d'artillerie.

Afin d'empêcher l'ennemi de pénétrer facilement dans le bois, on créera des abatis, qui seront flanqués par des tirailleurs et par les ouvrages de fortification passagère.

Un abatis doit avoir au moins 40 à 60 mètres de largeur pour présenter un obstacle sérieux à la marche de l'ennemi et être protégé en flanc par un obstacle naturel, ou par un abatis perpendiculaire.

Les abatis larges sont peu recommandables.

Ils ont le grand inconvénient d'exiger beaucoup de temps et de bras pour leur construction, des outils spéciaux et beaucoup de troupes pour les défendre énergiquement (1).

Pour épargner du temps, on pourrait seulement faire tous les 500 mètres, une centaine de mètres d'abatis, placés en des endroits convenables.

Toutefois il faut observer qu'il vaut infiniment mieux établir des lignes successives d'abatis bien compactes, que de faire des abatis trop larges et irréguliers.

Ces défenses arrêteront l'ennemi plus longtemps, exigeront plus de travaux pour leur destruction et présenteront des attaques successives (2).

Le reste de la lisière pourrait être renforcé par un

---

(1) Deux hommes peuvent abattre tout au plus 4 chênes ou hêtres, ou 6 sapins par jour.

(2) Ainsi Fréderic II, avant la bataille de Torgan, marche avec son armée à travers le bois de même nom, couvert d'abatis par les Autrichiens.

L'abatis de Massena, sur les montagnes de Zurich et de Gaïs, en 1799, large de 800 pas environ, fut facilement franchi par les grenadiers autrichiens.

des moyens indiqués plus haut, ou bien on pourrait encore approfondir les petits fossés, qui longent généralement la lisière des bois, rejeter des terres vers l'intérieur et créer ainsi en certains endroits un retranchement continu.

Les routes qui mènent vers le bois méritent une attention spéciale. Elles doivent être couvertes d'abatis sur une assez grande longueur, ou à défaut de ceux-ci, elles seront barricadées à l'entrée du bois et les barricades flanquées.

On pourrait également couper la route devant le front en des endroits convenables.

Afin d'empêcher l'ennemi de gagner du terrain en largeur quand il aura pénétré dans le bois, on pourrait, de 300 en 400 mètres et sur une profondeur de 50 à 100 mètres, établir des abatis perpendiculaires à la lisière; de cette manière on égarera l'ennemi, et on séparera ses colonnes.

Les eaux courantes peuvent être employées pour tendre des inondations; les maisons, fermes, châteaux, qui se trouveront à portée, seront organisés défensivement.

Enfin, on doit avoir soin d'établir les communications pour l'artillerie, qui se trouve dans les ouvrages en avant de la lisière, créer des passages pour retirer les troupes sur la deuxième position, et préparer les moyens de détruire les ponts, s'il y en a.

Tels sont les moyens à employer pour organiser la première position.

Après que la lisière est organisée, on cherchera

17.

une seconde position en arrière, dont on dirigera l'organisation d'après les mêmes principes.

Toutefois, nous ferons observer que les abatis à l'intérieur des forêts ne rendent pas les mêmes services que ceux établis sur la lisière, à moins de les faire sur une grande largeur, et nous avons déjà dit que ce travail présente beaucoup de difficultés.

Mieux vaudrait trouver des ruisseaux marécageux, des clairières, des hauteurs, qui permettent de porter la vue au loin, des ravins escarpés, des hauteurs dominantes, etc., pour organiser cette deuxième position.

DÉFENSE DES BOIS.

Pour défendre un bois, on le divise en arrondissements et les troupes destinées à la défense de chacun d'eux, en 3 parties:

1º Les tirailleurs et leurs soutiens (1/3);

2º Les réserves spéciales (1/3);

3º Les réserves générales (1/3) (pl. VI fig. 1 et 2).

Une compagnie peut défendre un arrondissement de 100 à 150^m d'étendue.

La plupart des tacticiens sont en désaccord sur la force à employer pour la défense de la lisière. Sans examiner les chiffres que nous trouvons dans les auteurs, nous dirons qu'il serait imprudent d'occuper la lisière d'un bois trop fortement, car il est déjà bien difficile de diriger une forte ligne de tirailleurs sur le champ de manœuvres, à plus forte raison dans un bois.

La force de résistance sera plutôt obtenue par une disposition judicieuse des troupes.

Le nombre des tirailleurs à employer dépend donc principalement du terrain, des circonstances dans lesquelles on se trouve, du but que l'on veut atteindre et principalement du nombre des troupes dont ont dispose.

D'ailleurs, en ne mettant pas trop de monde en première ligne, on garde des réserves plus fortes, on tient ses troupes dans la main.

Les points les plus importants à occuper sont les angles saillants, les entrées, les bas-fonds par où l'ennemi peut s'approcher à couvert, les points dominants, etc. Ces points importants par leur position seront fortement occupés.

Les endroits touffus, impénétrables, protégés par des ravins, etc., peuvent être occupés plus faiblement, ou seulement être observés.

On doit recommander aux tirailleurs de se creuser une embuscade, car les arbres ne garantissent pas le tireur contre les feux de flanc.

Les soutiens se trouvent en arrière de la ligne de tirailleurs de 60 à 100^m de distance, suivant l'épaisseur du bois, à moins que des couverts permettent de les rapprocher davantage.

On les place aux endroits les plus menacés, aux saillants attaquables, aux points qui permettraient à l'ennemi d'entrer en colonne dans le bois, aux points d'où l'on peut agir efficacement au moyen du feu, tels que chemins, clairières.

Les soutiens servent encore à garantir les tirailleurs contre des attaques en flanc.

Leur *force* dépend donc du but qu'ils ont à atteindre.

En tout cas ils doivent être assez forts pour résister à l'ennemi jusqu'à l'arrivée des réserves spéciales.

Ces soutiens n'ont pas seulement pour but de fournir des feux avec les tirailleurs, mais aussi d'aborder à la baïonnette l'ennemi, qui aurait pénétré dans le bois.

Derrière les soutiens se trouvent les *réserves spéciales* en colonnes de compagnie.

Elles se trouvent placées favorablement aux points de jonction des communications, ou sur les communications mêmes, à une distance de 150 à 200 pas en arrière.

Ces réserves ont pour objet de soutenir la première ligne, en aidant celle-ci avec son feu, et en fournissant des attaques à la baïonnette pour rejeter l'ennemi hors de la forêt.

La réserve ou les réserves principales sont placées suivant la conformation du terrain.

Si le bois n'est profond que de quelques centaines de mètres, on n'en fait qu'une, et on la place en dehors du bois, où elle peut se mouvoir en tout sens (1).

Dans le cas contraire, on en fait plusieurs et on les place dans des clairières, sur le point de jonction de plusieurs routes qui conduisent vers l'ennemi, ou derrière l'un ou l'autre arrondissement.

(1) On ne peut employer qu'une seule réserve, encore lorsqu'une vaste clairière se trouve sur la ligne de retraite des troupes.

La *cavalerie* reconnaît la marche de l'ennemi et se retire sur les flancs en arrière de la position, pour rejeter l'ennemi qui voudrait tourner le bois.

L'artillerie se place généralement sur les flancs des bois en des points dominants, quelquefois aussi dans les angles rentrants de la lisière derrière des épaulements. Dans ce cas, on doit pratiquer un chemin à travers bois à ces pièces, afin qu'elles puissent se retirer au moment opportun.

DÉFENSE.

Nous aurions, à la rigueur, peu à dire au sujet de la défense, après l'exposé des principes pour l'occupation défensive du bois.

Cependant nous allons examiner quelques points, qui nous semblent avoir une assez grande importance.

Nous avons déjà fait ressortir les avantages de la défense pour les troupes qui occupent une position défensive. Ces avantages sont plus grands encore pour celles qui défendent un bois; elle sont mieux couvertes que dans la défense des villages, leur retraite est plus assurée.

L'assaillant ne peut tirer aucun profit de la connaissance exacte du bois; il ne sait pas où les réserves sont placées.

Dès que les partis se rapprochent, dès que l'ennemi est dans le bois, les deux adversaires combattent presque à l'aveugle, sans direction.

Nous voyons immédiatement que la lisière doit être fortement défendue et que la solution de la question réside dans son occupation solide et judicieuse.

La défense opiniâtre de la lisière s'obtient au moyen du feu, mais du feu bien dirigé. Son action doit être suivie par l'attaque à la baïonnette sur les flancs de l'adversaire.

Si l'adversaire pénètre dans le bois, les tirailleurs continuent la lutte jusqu'à l'arrivée des soutiens, afin que ceux-ci puissent rejeter l'ennemi en dehors du bois. Si les soutiens ne parviennent pas à arrêter l'ennemi, ils renforcent la ligne de tirailleurs qui tiraille en se retirant.

Les soutiens et les réserves ne doivent jamais oublier que dans ces sortes de combats, une défense passive est extrêmement pernicieuse.

Tout chef doit, aussitôt que les détachements voisins sont trop serrés, attaquer l'ennemi en flanc ou à revers, sous sa propre responsabilité, afin de le rejeter sur la défensive. L'armement actuel donne à la défense un immense avantage sur l'attaque. L'ennemi est obligé de se retirer à travers un terrain découvert, sur lequel il sera poursuivi par un feu rapide et nourri qui lui fera payer cher son audace et la défaite (1).

La réserve spéciale combat comme les soutiens des tirailleurs.

(1) L'effet de ce feu est tellement foudroyant, que l'attaque de la brigade de Nassau, pendant la guerre de 1866, fut rejetée à 400 pas environ par le feu des bataillons prussiens, qui près de Gerchsheim (25 juillet), occupaient le bois de Huchtel.

Enfin la réserve se trouve en troisième ligne. Elle doit soutenir les troupes qui combattent, elle veille avec la cavalerie aux attaques de flanc, et finalement donne le coup décisif dans l'action, ou, si l'on doit abandonner la position, elle recueille les troupes et protége leur retraite.

Nous terminons cet aperçu en faisant observer que dès que le combat se livre au milieu du bois les ailes de la défense doivent rester en liaison avec le centre.

Toute la ligne doit, autant que possible, manœuvrer avec ensemble, c'est-à-dire, avancer ou reculer, suivant les circonstances de la lutte, afin qu'aucune partie ne puisse être coupée, et se trouver dans une situation désavantageuse.

On pourra atteindre ce résultat, en faisant faire, de temps en temps, des signaux convenus par des clairons, signaux qui se répéteront sur toute la ligne (1).

---

(1) Outre la défense du bois de Nachod, que nous avons déjà signalée, nous trouvons encore un exemple remarquable de la défense d'un bois dans la bataille de Komorn, le 11 juillet 1849, par le 1er bataillon d'infanterie Nassau, qui défendit une partie du bois Aes contre un ennemi supérieur en nombre.

Un autre exemple instructif de la défense d'un bois se trouve dans la bataille d'Eckmühl. Un bois, situé sur une hauteur escarpée, et fortement occupé, se trouvait à proximité du village de Unter-Laichling. Les routes étroites qui y conduisaient étaient couvertes d'abatis, la lisière fortement défendue et garnie de défenseurs.

Le 10e régiment français, conduit par le brave général

ATTAQUE DES BOIS.

Avant d'attaquer un bois, il faut en faire la reconnaissance.

Cette reconnaissance a pour objet :

1° Le terrain extérieur en avant du front et sur les flancs ;

2° L'intérieur du bois ;

3° La force et les dispositions du défenseur.

La conformation du terrain extérieur ainsi que la forme générale du bois et des défenses peut facilement se reconnaître à une certaine distance, au moyen d'une lunette d'approche ; quant à l'intérieur du bois,

Saint-Hilaire et le colonel Berthezène, s'avance en tirailleurs, soutenu par de petites colonnes. L'attaque échoue à cause de la résistance vigoureuse des régiments autrichiens Bellegarde et Reuss-Greitz ; le colonel du régiment français est blessé, 600 hommes et 28 officiers sont hors de combat. Malgré ces pertes, le 10e léger reprend l'attaque, pénètre dans le bois ; mais attaqué par de nouvelles forces, il est sur le point de succomber, quand le général Compans vint à son aide avec 2 régiments, ce qui le sauva d'une destruction complète.

Un autre exemple, tiré de l'histoire du soulèvement de la Pologne, est la bataille de Rutki (1831).

Le général polonais Skrzyncki avait atteint l'arrière-garde russe établie dans le bois entre Kolomeja et Rutki, après une marche rapide, et résolut de l'attaquer immédiatement en front et sur les flancs.

Son adversaire, le général Paläschko, n'avait au commencement que deux bataillons de chasseurs de la garde et 4 canons, mais il reçut plus tard un renfort de deux régiments.

Tandis que les Polonais exécutaient leur mouvement tournant, il faut prendre des renseignements sur les routes, leur direction, la conformation du terrain, auprès des habitants du pays ou au moyen d'une carte. La force et la disposition des défenseurs, sont difficiles à connaître, à moins que l'on n'obtienne des renseignements d'espions ou de déserteurs ; mais dans la plupart des cas on ne connaîtra l'emplacement des troupes que par suite de la marche du combat.

La reconnaissance achevée, on détermine le point d'attaque suivant la position, la forme et l'étendue du bois, le nombre et la force des colonnes et les directions qu'elles ont à suivre.

ils établirent une batterie de 14 pièces, et disposèrent la division Rybinski pour l'attaque de front, dont un bataillon précédé d'une ligne de tirailleurs commença l'attaque.

Paläschko les laissa approcher jusqu'à la lisière du bois, les fit attaquer à la baïonnette et les rejeta.

Les Polonais répétèrent la même manœuvre, en renforçant cependant les tirailleurs.

Mais pendant ce temps, les Russes avaient reçu deux bataillons de renfort. Dès que les Polonais approchèrent de la lisière, les forces russes entières firent une sortie à la baïonnette et eurent la même succès.

Skrzynecki reprend l'attaque avec trois bataillons, mais le général russe parvint par des feux de tirailleurs, en rejettant continuellement l'assaillant, en l'attaquant même, à arrêter les Polonais assez longtemps, pour que le gros de l'armée russe et les équipages puissent se retirer.

Les colonnes tournantes arrivèrent trop tard.

Si le général polonais avait mieux apprécié la situation, s'il avait mieux combiné son attaque, il aurait probablement mis l'arrière-garde russe dans une position fort critique.

La force principale doit être dirigée avec rapidité sur le point le plus faible de la position.

L'attaque d'un bois est une opération fort difficile, parce qu'on ignore généralement les dispositions défensives que l'adversaire a prises.

Aussi doit-on éviter d'attaquer un bois, et chercher plutôt à le tourner. Mais si cela n'est pas possible, et si la possession du bois devient nécessaire pour les opérations ultérieures, ou bien, si par ce combat on veut lier la défense à la position, afin de détourner son attention d'un autre point, il faut l'attaquer. L'attaque peut être facilitée par une mauvaise disposition des troupes de la défense: par exemple, si un flanc est découvert, si elle néglige d'occuper un point fort du terrain, si des angles rentrants, des défilés, des ravins ne sont pas suffisamment surveillés, etc.

Souvent une attaque réussit sur un point fort, parce qu'à cause même de la force de ce point, le défenseur a négligé de prendre les dispositions nécessaires.

L'attaque a trois problèmes à résoudre:

1º Repousser les tirailleurs et les soutiens qui défendent la lisière du bois;

2º Vaincre les réserves spéciales;

3º Repousser la réserve générale.

L'artillerie commence généralement le combat. Placée en des positions assez rapprochées du bois, elle cherche à concentrer son feu sur les points d'attaque. Elle a pour objet principal de détruire les abatis en avant de ce point, afin de faciliter le passage des colonnes d'assaut.

Les troupes de l'attaque sont divisées en:

1º Tirailleurs et leurs soutiens;
2º Colonnes d'attaque;
3º Réserve.

Une forte ligne de tirailleurs, suivie des soutiens et placée de 800 à 1,000 mètres de la position, précède les colonnes d'attaque de 4 à 500 pas et se rapproche de la lisière, en se couvrant par les obstacles du terrain.

L'attaque se fait sur toute la lisière; les tirailleurs occupent l'ennemi en front, pendant qu'une partie de la troupe tente une attaque en flanc ou à revers.

Cette attaque doit être poussée avec vigueur; un feu rapide et énergique doit être fait sur les défenseurs afin d'impressionner toute la ligne.

Le défenseur, entendant la fusillade derrière lui, plie peut-être; il se produira, en tout cas, un moment d'hésitation, pendant lequel les tirailleurs du front peuvent s'avancer et se fixer à proximité ou sur la lisière du bois même.

Quelquefois le terrain en avant présente des plis qui favorisent les approches, des positions dominantes dont l'occupation peut être favorable pour protéger la retraite des troupes de l'attaque.

L'attaque ne doit jamais négliger d'en prendre possession.

Si les tirailleurs réussissent à se rapprocher de la

lisière, ils doivent continuer un feu vif et bien dirigé sur les défenseurs, afin de les forcer à se replier, ou bien, si l'occasion semble favorable, se lancer contre les défenseurs de la lisière, pour les déloger à la baïonnette.

Les soutiens suivent les tirailleurs, ils protégent les flancs de la ligne, repoussent des retours offensifs de l'assaillant, se portent en des endroits favorables pour appuyer, par leur feu l'action des tirailleurs, et se jettent avec eux dans le bois, pour lutter contre les soutiens des tirailleurs de la défense.

Les *colonnes d'attaque* précédées de travailleurs, qui auront à compléter la destruction des abatis ou des barricades endommagées par l'artillerie, s'élancent en avant pour soutenir les troupes de la première ligne, quelles suivent à une distance de 500 mètres environ.

Quelquefois on adjoint une ou deux pièces d'artillerie à ces colonnes.

Si les tirailleurs ne peuvent parvenir à se fixer sur la lisière, on tente l'assaut par les colonnes d'attaque directement.

On doit chercher à diriger ces colonnes le plus longtemps possible à couvert derrière les accidents du terrain, afin de ne pas les exposer inutilement aux feux de la défense.

L'attaque doit être rapide, et le succès est d'autant plus certain, quelle est plus énergique et plus impétueuse.

Les colonnes ne doivent pas répondre au feu de

l'adversaire ; leur marche doit se faire dans une allure vive et impétueuse. En s'arrêtant, elles s'exposeraient à de grandes pertes, qui, dans la plupart des cas, les forceraient à la retraite.

Les colonnes d'attaque ont encore pour objet de veiller aux flancs des troupes assaillantes. Elles repousseront les sorties et les attaques en flanc de la défense.

La composition de ces colonnes varie donc suivant le but quelles pourraient avoir à remplir, et on doit leur donner une formation tactique, qui permette l'action qu'on exige d'elle.

Les colonnes des ailes méritent une attention spéciale.

On leur adjoint un détachement de cavalerie ou d'artillerie à cheval, pour pouvoir exécuter un mouvement tournant, ou s'opposer d'une manière énergique à une attaque de la cavalerie ennemie.

Toutes les colonnes d'attaque doivent, autant que possible, marcher à même hauteur, sans quoi elles seraient exposées à des attaques de flanc, et pourraient être rejetées sur la défensive. S'il n'y a qu'un point d'attaque, elles doivent marcher concentriquement, sans faire feu, jusqu'à une distance de 100 mètres et s'élancer au pas de course sur la lisière d'où elles chasseront l'ennemi à la baïonnette.

Pendant ce mouvement, elles seront couvertes par les tirailleurs, qui font un feu efficace sur les défenseurs de la lisière.

Si l'attaque réussit en un point, on doit s'y fixer,

18.

se reformer, y envoyer des renforts, pour continuer l'attaque avec énergie, car l'ennemi ne tardera pas à lancer ses réserves pour chasser l'assaillant. Pendant ce temps, on continuera l'attaque sur le restant de la lisière, afin d'y maintenir le défenseur, et l'empêcher d'aller au secours du point qui a fléchi.

La réserve suit avec prudence, à une distance de 400 à 500 mètres des colonnes d'attaque. Elle ne pénètre dans le bois, que quand l'ennemi est en retraite.

Elle doit observer la marche du combat, et envoyer des renforts aux points où l'attaque faiblit.

Cette réserve est généralement composée des trois armes, et elle est placée derrière le centre de la position, ou bien en arrière de l'aile la plus exposée.

La réserve est nécessaire pour le cas où l'adversaire quitterait la défensive pour prendre l'offensive, afin de protéger la retraite des troupes en cas de revers.

L'influence morale qu'exerce la réserve par sa présence, déterminera souvent l'ennemi à renoncer à l'offensive et à se retirer dans le bois.

Après que la lisière est emportée, l'assaillant devra resserrer ses troupes, rétablir l'ordre et faire avancer les réserves.

Les tirailleurs maintiennent la lisière; des troupes fraîches seront envoyées à la poursuite de l'adversaire.

Une chose essentielle à observer, c'est qu'à partir de ce moment, les commandants de différentes fractions de troupes doivent chercher à conserver un lien tactique, ne pas s'égarer et surtout protéger leurs flancs.

Les colonnes de compagnies trouveront ici une heureuse application. On reliera les différentes colonnes par des lignes de tirailleurs, qui devront rester constamment à même hauteur, ou bien, on doit avancer les deux ailes afin de prendre le défenseur dans une tenaille.

L'assaillant doit poursuivre le défenseur sans relâche, afin de ne pas lui laisser le temps de prendre de nouvelles dispositions, mais de temps en temps, à la jonction des routes, on doit faire une petite halte et rétablir l'ordre.

Il en sera de même, quand on rencontre des clairières ou des obstacles tels que des fossés, des ravins, un ruisseau, etc., parce qu'en ces endroits, on peut rencontrer l'ennemi en force, ou tomber dans une embuscade.

Si le feu de l'ennemi cesse, il faut redoubler d'attention dans la marche, pour pouvoir déjouer les projets dont il prépare peut-être l'exécution.

Les *réserves* suivent sur les routes principales, mais toujours à des distances telles à ne pas souffrir du feu des tirailleurs ennemis, et avoir le temps de prendre des mesures défensives en cas d'un retour offensif du défenseur.

La cavalerie et l'artillerie marchent avec ces colonnes, mais un peu en arrière, afin de ne pas accumuler trop de troupes dans le même endroit; on peut cependant les disposer en dehors du bois, pour couvrir les flancs de l'attaque et pour poursuivre le défenseur, qui chercherait à se soustraire par une retraite latérale.

Quelquefois la cavalerie légère peut être employée pour faire l'attaque d'un bois qui n'est pas épais (1).

S'il y a des *positions en arrière de la lisière*, 'assaillant doit chercher à y pénétrer avec le défenseur.

Par une manœuvre habile, on pourrait chercher à les tourner, surtout si la position est formée d'une suite de défilés, dont l'attaque en front est toujours difficile.

Mais il faut être prudent dans cette attaque, ne pas trop la brusquer, car on ne sait pas sur quelles forces on peut tomber.

Afin de reconnaître toute l'étendue de la position de l'adversaire, on peut envoyer des petites patrouilles de cavalerie, qui exploreront rapidement le terrain.

L'attaque de cette nouvelle position est souvent difficile, même impossible, si elle est constituée au moyen de ravins, d'inondations, de carrières, etc.,

---

(1) A Trippstadt, le 20 septembre 1794, le 4ᵉ régiment de hussards autrichiens attaqua un bataillon formé en carré dans la lisière d'un bois, et le dispersa.

En 1793, le régiment de dragons Latour poursuivit les Français en retraite dans un bois, situé en arrière de leur position, et en tua un grand nombre.

comme nous l'avons indiqué dans la mise en état de défense des bois.

Une circonstance favorable à l'attaque d'une telle position sera l'existence de plusieurs passages.

L'assaillant pourra tenir ses forces réunies, tenter des démonstrations, contraindre l'ennemi à faire de faux mouvements, et profiter ensuite de sa faute pour faire une attaque de vive force au moyen de troupes numériquement supérieures.

La cavalerie pourra être rarement employée avec succès pendant cette partie de l'action.

L'artillerie placée en des positions avantageuses, pourra, par un feu énergique, préparer l'action de l'infanterie.

Dès que le défenseur abandonne le terrain, l'assaillant doit le poursuivre avec prudence de position en position. Il doit marcher uni, et avoir toujours soin d'occuper les endroits en arrière, qui pourraient faciliter sa propre retraite en cas de revers.

La retraite du défenseur doit être menacée par des détachements envoyés sur ses flancs ; toutefois il ne faut pas pour cela affaiblir le front outre mesure.

Enfin, dès que l'adversaire sort du bois, il faut le décimer par des feux d'artillerie et d'infanterie, ne pas négliger les précautions que dicte la prudence, et maintenir, par une partie de ses troupes, la lisière que le défenseur vient d'abandonner.

Des défilés.

CONSIDÉRATIONS GÉNÉRALES.

On appelle défilé tout endroit qui ne permet la marche d'une colonne que sur une seule voie de communication et sur un front très restreint, tels que ponts, digues dans un terrain humide et marécageux, chemin creux, routes à travers les forêts ou dans les montagnes.

Les défilés sont de la plus haute importance au point de vue tactique. Leur influence retardatrice sur la marche de grands, même de petits détachements, ne peut être mise en doute.

De faibles forces établies dans un défilé suffisent pour arrêter des forces considérables, c'est pourquoi leur occupation est si importante dans une retraite ou en avant d'une position.

Les défilés dans les montagnes sont la plupart du temps les seules routes par lesquelles on puisse entrer dans un pays. Il faut donc s'en assurer, et dans toutes les guerres on a livré des combats considérables pour les posséder.

Si le défilé se trouve sur la ligne d'opération, il devient le théâtre d'importants combats, car le défenseur et l'assaillant feront les plus grands efforts pour s'en rendre maîtres.

Comme les défilés sont des points de passage difficiles, il est prudent de les occuper.

Les Prussiens purent, pendant la guerre de 1866, déboucher facilement de Glatz à Nachod, les Autrichiens ayant négligé d'occuper le défilé qui sépare ces deux endroits.

De toutes les opérations qu'avait à exécuter l'armée prussienne dans cette campagne, l'une des plus difficiles était le passage de l'armée de Silésie en Bohême.

Cette armée devait déboucher de Glatz à Nachod, c'est-à-dire parcourir sur une seule route un terrain accidenté, pénible, qui constitue l'un des défilés les plus faciles à défendre, défilé qui rend tout déploiement impossible à l'armée qui le traverse.

Les Prussiens s'engagèrent résolûment dans le défilé, et leur avant-garde déboucha le 27 juin à 9 heures du matin.

A peine deux escadrons prussiens étaient-ils sortis du défilé, qu'ils furent attaqués par les Autrichiens, qui arrivèrent en force: deux brigades, une nombreuse artillerie et plusieurs régiments de cavalerie autrichienne n'empêchèrent pas les Prussiens de sortir du défilé.

Les fantassins prennent rapidement position, l'artillerie débouche à son tour, et chose incroyable, l'armée prussienne se déploie à la sortie du défilé.

Deux divisions sont bientôt en bataille, à midi les deux armées sont aux prises, et à 3 heures le 6e corps autrichien est en pleine retraite.

Les défilés sont de deux espèces :

1º Ceux dont les flancs sont découverts et inaccessibles, tels que ponts, digues, langues de terre ;

2° Ceux dont les flancs sont couverts, mais accessibles, tels que les défilés à travers les montagnes, les défilés dans les bois, les routes dans les villages.

Quelle que soit d'ailleurs la nature des défilés, on peut s'en rendre maître :

1° Pour en permettre le passage à une armée en marche en avant ou en retraite ;

2° Pour l'occuper pendant un temps plus ou moins long, afin d'en défendre le passage à l'adversaire;

3° Pour forcer l'ennemi à s'engager dans un combat désavantageux pour lui.

Dans chacune de ces hypothèses, on peut l'occuper en se plaçant :

1° En arrière du défilé ;
2° En avant du défilé ;
3° Dans le défilé.

RECONNAISSANCE DES DÉFILÉS.

Avant d'occuper un défilé, il faut le reconnaître.

Cette reconnaissance porte sur le terrain en avant du défilé, c'est-à-dire le terrain par lequel l'ennemi doit arriver, sur le terrain en arrière par lequel on peut avoir à se retirer, ensuite sur la nature du défilé lui-même.

On indique sa longueur, s'il est difficile à franchir, si les débouchés sont favorables à l'action des trois armes, par quelle arme on peut le plus facilement défendre le défilé, sa largeur, les points favorables ou contraires à l'attaque et à la défense.

Pour les défilés dont les flancs sont accessibles mais couverts, on indique la nature des flancs, les communications qui le traversent, et parmi celles-ci, celles qui viennent aboutir dans le défilé lui-même.

L'on termine par des considérations sur le rôle que peut jouer le défilé dans les opérations, et sur les moyens à employer pour le défendre ou pour l'attaquer.

POSITION EN ARRIÈRE DU DÉFILÉ. (Pl. VII.)

On occupe un défilé en arrière quand on a pour but d'empêcher l'ennemi de le passer.

C'est la méthode la plus généralement employée à la guerre, parce qu'elle présente le plus d'avantages.

L'avantage principal de cette disposition consiste à opposer un front étendu à l'adversaire, qui débouche du défilé sur un faible front, de l'attaquer au moyen d'un feu concentrique, et de le rejeter dans le défilé au moyen de la baïonnette.

Les défilés étroits mais longs, conduisant à travers un obstacle assez large, pour que les feux de mousqueterie ne puissent pas atteindre l'autre bord, sont faciles à défendre, surtout quand le défilé peut être battu sur une grande étendue et qu'on peut le barrer, afin que l'ennemi ait à rétablir la communication sous le feu efficace de la défense (fig. 2).

Les troupes qui défendent un défilé de cette nature

doivent être placées de manière à accabler l'ennemi d'un feu efficace pendant qu'il passe le défilé, et de l'entourer avec des forces supérieures au moment qu'il en débouche.

Si ce défilé est court, de manière que l'on puisse encore atteindre l'ennemi au delà de l'obstacle, il faut d'abord entraver sa marche en avant dans le défilé, et l'empêcher d'en déboucher par des obstacles et par le feu.

Quand on est numériquement supérieur à l'ennemi, on peut même laisser les colonnes déboucher, et les attaquer pour les accabler et les acculer contre le défilé.

L'artillerie sera placée de manière à enfiler le défilé et à battre le débouché de feux efficaces. Elle peut aussi être placée sur les flancs de la position pour pouvoir prendre l'ennemi d'écharpe pendant le passage et au débouché.

Ces positions doivent être choisies assez en arrière, pour que l'ennemi ne puisse pas les atteindre par les batteries, qui concourent à l'attaque.

L'infanterie concourra à la défense en plaçant une ligne de tirailleurs le long des bords de l'obstacle, ou un peu en arrière, suivant la conformation du terrain; toutefois la position des tirailleurs ne doit pas être trop en arrière, pour que le terrain à l'entrée du défilé soit battu d'un feu concentrique.

Les soutiens de cette ligne se tiendront prêts pour faire un feu d'ensemble sur l'ennemi.

Le gros, placé sur deux lignes, aura pour objet

d'envelopper les têtes de colonnes dès qu'elles déboucheront.

La réserve, dont la force peut être moindre que celle des réserves généralement adoptées (à moins qu'on ait à craindre un mouvement tournant de l'ennemi), sera principalement composée de cavalerie, parce qu'on ne peut guère employer autrement cette arme dans la défense de ces défilés.

Elle a pour objet de couvrir la retraite des troupes de la défense.

Toutefois, on peut mettre quelques détachements de cavalerie sur les flancs de la position, si le terrain le permet, pour prendre les colonnes ennemies en flanc et à revers, dès quelles débouchent du défilé.

Ces détachements seront placés à une distance telle, qu'ils ne puissent être atteints par les feux de l'ennemi.

Si l'on craint que l'ennemi ne tourne le défilé, on peut mettre la cavalerie en observation, et lui adjoindre de l'artillerie à cheval.

Quand le défilé est long (400 à 600 mètres), il est impossible d'empêcher l'ennemi d'y pénétrer. L'occupation devra, dans ce cas, être faite de manière à pouvoir l'inonder de feu dès qu'il arrive à bonne portée des armes.

La position des diverses troupes est la même que celle que nous venons d'indiquer, sauf que l'infanterie sera placée de manière à concentrer le feu sur la partie du défilé qui peut être battue, et l'artillerie, à pouvoir tirer à mitraille sur l'ennemi dès qu'il débouche. (Pl. VII, fig. 2.)

On enverra en avant du défilé quelques détachements de cavalerie, qui occuperont toutes les routes et qui enverront au loin des patrouilles pour annoncer rapidement l'approche de l'ennemi.

En un mot l'occupation doit être telle, qu'aucune mesure de l'adversaire ne puisse surprendre le défenseur (1).

POSITION EN AVANT DU DÉFILÉ. (Pl. VIII.)

La position en avant du défilé n'est en général pas aussi avantageuse à la défense, que l'occupation en arrière, parce que dans cette situation on doit combattre avec un défilé à dos (2).

Des considérations supérieures et les dispositions locales favorables peuvent seules la justifier.

---

(1) Ainsi par exemple, si les Espagnols avaient élargi davantage les coupures du défilé de Sommo Sierra (1808), les uhlans polonais n'auraient pu les franchir, et surprendre les Espagnols à leurs pièces.

(2) Napoléon pouvait impunément prendre à dos les défilés à Austerlitz, parce qu'un fort brouillard protégeait le débouché, que l'adversaire s'était affaibli en faisant avec une partie de ses troupes un mouvement tournant, qui le fit dégarnir son centre, les hauteurs de Pratzen, le point le plus important de sa position.

On occupe le défilé en avant pour empêcher l'ennemi d'en profiter, pour en permettre le passage à des troupes marchant en retraite, sans qu'elles puissent être inquiétées par l'adversaire, quand on désire prendre l'offensive, ou bien encore quand le terrain en avant est particulièrement favorable à la défense, par exemple, si une ville ou un village est situé en avant du défilé.

La position du défenseur en avant du défilé lui est toujours désavantageuse; mais elle lui procure la facilité d'arrêter des forces supérieures au moyen de troupes relativement plus faibles.

La position en avant du défilé doit être une position défensive, dont les différents points d'appui au centre et sur les flancs seront des maisons, des villages, des fermes, des châteaux, rendus défensifs.

La première ligne occupera cette position, tandis que la deuxième sera en arrière, en colonnes abritées par des obstacles du terrain.

Plus au loin, on enverra un système de postes qui couvriront les approches de la position.

Enfin, immédiatement en avant de l'entrée du défilé, on placera une réserve d'infanterie et d'artillerie, qui protégera la retraite des troupes.

La cavalerie sera placée en des points convenables de la 2ᵉ ligne; elle aura pour objet de prendre les troupes d'attaque en flanc.

Le terrain en avant du cordon d'avant-postes sera exploré par de la cavalerie, que l'on poussera sur les routes pour avoir rapidement des nouvelles de l'ennemi.

La position occupée en avant du défilé doit être assez étendue, pour que les troupes puissent s'y mouvoir avec facilité et pour que l'armée, si elle doit déboucher du défilé, puisse s'y former dans un ordre de bataille convexe.

Toutefois, il ne faut pas l'étendre outre mesure pour ne pas trop l'affaiblir.

Pour parer à toute éventualité, on pourrait, au besoin, préparer à l'intérieur du défilé une bonne position défensive et créer les moyens pour le barrer.

Les défilés dans les montagnes ou à travers les bois dont les bords sont accessibles mais couverts, peuvent présenter des défilés latéraux, qu'il ne faut pas négliger.

Il faut les occuper ou bien les barrer. — Pour éviter que la position puisse être tournée, on doit garder par des tirailleurs les flancs du défilé du côté de l'ennemi.

L'artillerie sera placée dans les points d'appui extérieurs, et sur les flancs de l'obstacle, d'où elle puisse envoyer des feux croisés en avant de la position.

Il faut toutefois avoir soin de donner à ces pièces de forts soutiens d'infanterie, et leur créer des routes pour pouvoir opérer la retraite.

Si l'on trouve dans l'intérieur du défilé des points favorables pour placer quelques pièces qui puissent prendre d'enfilade une partie du défilé, il ne faut pas négliger de les utiliser.

On rencontre quelquefois à l'intérieur du défilé des élargissements qui permettent d'y établir une réserve d'infanterie et de cavalerie ; cette dernière sera placée de manière à pouvoir prendre en flanc les colonnes ennemies sortant du défilé.

Dans la défense de ces positions, il faut veiller avec un soin particulier à la tête du défilé, car dès que l'ordre de bataille concave est percé, la retraite des troupes sera très-compromise. Si elle doit se faire, le centre se retire le premier, les ailes suivent le mouvement sous la protection des tirailleurs, qui ne cèderont le terrain que pas à pas. La cavalerie ne doit pas être trop abondante en avant du défilé, sinon elle pourrait culbuter l'infanterie en cas d'échec. Quelques escadrons suffisent, et leur retraite pourra se faire en longeant les colonnes d'infanterie.

Si l'ennemi est maître du défilé et qu'il soit sur le point d'en déboucher, on doit le recevoir avec des feux croisés partant d'un ordre de bataille concave en arrière du défilé.

Cet ordre de bataille doit être pris à 300 ou 400^m des berges du défilé, afin que les tirailleurs ennemis n'aient aucune action contre les troupes établies sur cette position.

Dans cet ordre de bataille, l'artillerie sera placée de manière à concentrer son feu sur le débouché du défilé, la cavalerie, postée aux ailes, prendra les colonnes ennemies en flanc, en même temps que des colonnes d'infanterie s'avanceront, pour les attaquer à la baïonnette et les rejeter dans le défilé.

L'artillerie poursuit alors les fuyards au moyen de son feu.

En un mot, dans cette lutte, on cherchera à tirer le plus grand profit de la combinaison des trois armes et à utiliser tous les obstacles que le terrain présente.

La défense des têtes des digues se fait comme celle des ouvrages de campagne, à laquelle nous renvoyons le lecteur.

Les têtes de digues ont dans ce cas pour but de couvrir la retraite d'une armée.

Dès que l'armée aura gagné une avance de 3 à 4 heures de marche, les défenseurs des divers ouvrages se retirent, sous la protection du réduit, dont la garnison devra au besoin se sacrifier pour empêcher l'ennemi de passer; en tout cas, elle doit le maintenir jusqu'à la nuit, à la faveur de laquelle elle pourra regagner l'arrière-garde de l'armée, toutefois après avoir rendu la digue impraticable par un moyen quelconque.

OCCUPATION DU DÉFILÉ A L'INTÉRIEUR. (Pl. IX.)

L'occupation des défilés à l'intérieur ne se fait que lorsqu'ils sont fort longs, que les flancs en sont inaccessibles et qu'on y trouve des positions favorables à la défense.

L'infanterie ne peut y combattre que par petits détachements; l'artillerie ne fournira que des pièces isolées et si on trouve pour elle des emplacements convenables ; la cavalerie ne peut généralement pas y être employée.

La défense consiste principalement en combats d'infanterie, dont le but est de défendre énergiquement les différents points du défilé, que la nature ou l'art auront fortifiés. Ainsi, des ponts, des maisons, des barricades, des abatis, des blockaus, etc., formeront les points où les troupes seront échelonnées et qu'elles auront à défendre.

On place des réserves aux élargissements du défilé, aux bifurcations, comme cela arrive souvent dans les pays marécageux, sillonnés de digues.

Ce ne sont, en général, que de petits détachements, au plus des colonnes de compagnie, qui soutiennent le combat. Tout dépend de leur bravoure, de leur persévérance.

Si les petits détachements sont rejetés, le combat se continue en arrière du défilé, où le gros des troupes aura pris un ordre de bataille concave.

Toutefois, l'artillerie, placée en dehors du défilé, peut, jusqu'à un certain point, concourir à la défense en jetant des feux courbes sur l'assaillant.

Il faut avoir un soin particulier à reconnaître les chemins latéraux, qui permettent de tourner la position, les occuper ou les rendre impraticables.

Attaque des défilés.

Il y a deux manières d'attaquer un défilé :

1° De vive force ;
2° Par ruse.

L'attaque de vive force étant une opération extrêmement difficile, donnant lieu à d'immenses pertes, on devra toujours chercher à prendre le défilé par ruse.

On ne peut guère tracer des règles pour ce genre d'attaque, mais en général, on doit chercher à tourner l'ennemi, en suivant des sentiers qui lui sont inconnus, et le prendre à revers; ou bien, par des démonstrations, forcer l'ennemi à écarter ses réserves et prendre le défilé par surprise.

Si ces moyens ne réussissent pas, il faut tenter une attaque de vive force.

ATTAQUE D'UN DÉFILÉ OCCUPÉ EN ARRIÈRE.

L'attaque de vive force d'un défilé occupé en arrière, par exemple, un pont ou une digue de faible étendue, n'a de chance de succès, que lorsqu'on peut ébranler l'ennemi par des feux envoyés au delà de l'obstacle et préparer ainsi l'action des autres armes.

L'artillerie sera placée sur des points dominants

et latéraux, pour que son action puisse soutenir l'effort des colonnes d'attaque jusqu'au delà du défilé.

Si le défilé est barricadé, on doit également établir dans son prolongement des canons pour démolir l'obstacle.

L'attaque doit être combinée avec l'action des tirailleurs, qui se glissent le plus près possible de l'obstacle à la faveur des couverts du terrain, et se postent de manière à pouvoir concentrer leur feu vers le débouché du défilé, soutenir ainsi la marche des colonnes d'attaque, chasser les tirailleurs et les détachements ennemis, qui viendraient à portée de leur feu.

Le gros de l'infanterie, formé en colonnes qui se suivent à une distance de 100 à 150 pas (afin que le désordre d'une colonne rejetée ne se communique pas aux autres), se porte à l'assaut du défilé.

On profitera de tous les accidents du terrain pour les mettre à couvert des feux de l'ennemi.

Les têtes des colonnes sont précédées de travailleurs pour aplanir les obstacles, et d'un détachement spécial pour réparer le pont, si celui-ci a été détruit.

La première colonne se lance dans le défilé, sans faire feu et gagne le plus de terrain possible en avant du pont, afin de ne pas gêner le débouché des colonnes suivantes.

Dès qu'elle aura passé le défilé, elle se couvrira de tirailleurs et formera les échelons en avant sur le centre.

Les deux compagnies du premier échelon prononceront immédiatement l'attaque sur le point à enfoncer; les deux autres compagnies suivront comme réserves.

Les colonnes suivantes agissent de même et s'étendent en éventail afin de gagner du terrain.

Dans un terrain uni, un peu accidenté, on doit tenir les colonnes concentrées pour pouvoir résister aux attaques de la cavalerie, que l'ennemi ne manquera pas de lancer contre les colonnes d'assaut.

Dès que les troupes assaillantes ont gagné du terrain en avant du pont, on fait passer quelques escadrons de cavalerie pour lutter contre la cavalerie du défenseur et pour fournir des charges sur le flanc des colonnes d'infanterie, qui chercheront à repousser l'assaillant dans le défilé.

L'artillerie passe ensuite, prend position, dirige un feu bien nourri sur les défenseurs, pendant que l'action des tirailleurs au delà de l'obstacle continue à protéger la marche des colonnes.

Ces dernières troupes auront soin de tenir toujours sous leur feu le débouché du défilé, afin que les troupes en avant puissent se retirer sous cette protection, si l'attaque échouait.

L'histoire nous rapporte des faits brillants de la défense de ponts; nous citerons comme exemple les moyens employés par le général français Delaborde, pour prendre le pont de Tamega près d'Amarante, pendant la campagne de 1809 (1).

---

(1) Amarante est une petite ville située sur la rive droite du

ATTAQUE DE VIVE FORCE D'UN DÉFILÉ OCCUPÉ EN AVANT.

L'armée placée en avant du défilé doit combattre avec un défilé à dos, ce qui la met toujours dans une

Tamega, qui coule dans un lit rocailleux. Le long des deux rives, reliées au moyen d'un pont, se trouvaient deux rangées de maisons.

Le pont avait 210 pieds de long, sur 30 pieds de large.

Une église et un grand couvent se trouvaient à l'entrée du pont.

Lorsqu'après la prise d'Oporto, le maréchal Soult vit ses communications avec l'Espagne interrompues par le général Silveira, qui avait pris position près d'Amarante avec 12,000 hommes, il envoya le général Delaborde avec un corps de même force pour le chasser de sa position.

Silveira n'attendit pas l'arrivée de son adversaire sur la rive droite du Tamega, il se retira sur la rive gauche, occupa le faubourg, et prit d'excellentes mesures défensives.

Le pont fut fermé aux deux extrémités et au milieu par des barricades, dont la dernière était faite au moyen de palissades et de pierres de taille.

La pile du pont la plus rapprochée du faubourg fut minée et un fusil chargé, dont la bouche plongeait dans le fourneau de mine pour y mettre le feu, pouvait être déchargé de la barricade au moyen d'une ficelle attachée à la détente.

Les fenêtres des maisons étaient murées et crénelées, et sur la rive en amphithéâtre se trouvaient des batteries, qui prenaient le pont en écharpe.

Le camp des Portugais se trouvait derrière le faubourg.

Toutes les approches de cette position étaient parfaitement défendues.

Le général Delaborde arriva le 19 avril avec son corps à Amarante et fit immédiatement reconnaître la position ennemie.

Cette reconnaissance, qui lui fit perdre deux officiers du génie, position critique. On peut admettre, qu'à forces égales la défense a moins d'avantages que l'attaque et que le défenseur succombe inévitablement, si la pro-

lui ayant donné la conviction qu'une attaque de vive force était impossible, il se décida à jeter un pont en avant de la ville.

Le 23 au soir, les chevalets et les poutrelles étaient prêts. Il choisit les meilleurs nageurs de tous les régiments, pour être lancés sur l'autre rive afin de l'occuper et couvrir la construction du pont, mais la rapidité du courant empêcha la réalisation de ce projet.

Le même soir, le capitaine du génie Bouchard vint d'Oporto pour diriger la construction du pont. Ayant reconnu l'impossibilité de cette entreprise, il monta sur le clocher de l'église pour inspecter la défense des Portugais.

La découverte du fil de la mine lui fit connaître le plan de l'ennemi et les difficultés qu'il aurait à surmonter. Il conclut cependant de sa reconnaissance, que si l'on pouvait empêcher l'explosion de la mine, et détruire par la poudre la dernière barricade, on arriverait à traverser ce pont.

Il fallait, pour cette opération, amener aux pieds de l'obstacle 800 kilogrammes de poudre.

Comme le général Delaborde, ainsi que les autres généraux, doutaient de la réussite de l'expédition, on en référa au maréchal Soult, qui fit sur-le-champ partir pour Amarante le colonel Hulot pour agir en son nom. Hulot trouva le plan du capitaine Bouchard excellent et fit prendre toutes les mesures nécessaires pour l'exécuter.

La plus grande difficulté consistait à amener la poudre près de la 3ᵉ barricade, sans que l'ennemi s'en aperçût, mais il fallait auparavant détruire la seconde. (Entre temps la première avait été prise).

Afin d'ôter toute défiance aux Portugais, on fit tous les jours de petites escarmouches, pendant lesquelles les Français devinrent maîtres de la seconde barricade.

portion des troupes de la défense et de l'attaque est comme 1 à 1 1/2.

Le but de l'attaque doit être l'occupation du défilé,

L'exécution de ce hardi projet fut fixée pour la nuit du 2 mai.
La lune éclairait le paysage. La balustrade du pont jetait une ligne d'ombre assez large pour qu'un homme pût s'y mouvoir sans être aperçu; les quatre tonneaux de poudre furent enveloppés d'une couverture grise et roulés en avant par des sapeurs également couverts, d'une capote grise. Comme ces hommes ne pouvaient pas se tenir debout, on attacha à un de leurs pieds une longue corde dont l'extrémité était tenue par le capitaine Bouchard. Quand celui-ci voyait la sentinelle ennemie prêter une oreille attentive dans la direction du pont, le capitaine en avertissait l'homme en tirant sur la corde.

Le sapeur, armé d'un poignard, restait alors immobile. La même précaution était prise par le sapeur quand il entendait un bruit suspect.

Vers le soir, les Français ouvraient, comme à l'ordinaire, un feu assez vif, qui cependant s'éteignait peu à peu. Une heure plus tard, les Portugais étaient tranquilles et les sapeurs recommençaient leur dangereux travail.

Les tonneaux de poudre purent ainsi être placés heureusement; un des sapeurs réussit même à couper le fil de la mine. Le quatrième sapeur, ayant commis l'imprudence de revenir en courant, attira l'attention de la sentinelle, qui le tua. Le feu de tirailleurs recommença, mais cessa bientôt sur la demande de Bouchard. Il restait à mettre le saucisson pour communiquer le feu aux poudres. A une heure du matin, un sapeur se chargea de cette manœuvre qui eut un succès complet.

Les principales difficultés ayant été surmontées, Delaborde prit ses dispositions pour traverser le pont. Les compagnies d'élite de la 1re brigade, qui formaient un bataillon, se mirent à couvert derrière le couvent, prêtes à traverser le pont en courant. A droite et à gauche, dans les rues contiguës, furent mis plusieurs car dès que ce but est atteint, le vainqueur peut facilement exploiter sa victoire, en battant en détail les forces de l'ennemi.

L'assaillant se trouve dans les conditions les plus favorables; il a de l'espace pour manœuvrer, il a un but déterminé à atteindre, et il a de plus le choix du point d'attaque.

En général, l'attaque du centre de la position conduit le plus sûrement au but. Par cette attaque centrale, l'assaillant a l'avantage de ne pas écarter le gros de la troupe de sa ligne de retraite, et échappe aux feux de flanc des dispositions des ailes de la défense.

Cependant, une attaque sur un flanc présentera

autres bataillons, afin de soutenir l'attaque des grenadiers. Toute l'infanterie prit les armes sans bruit et l'artillerie attela ses canons. Vers trois heures du matin, un brouillard assez épais s'étant élevé du fleuve, Bouchard en profita pour donner le signal de l'attaque. L'explosion de la mine se fit avec un bruit épouvantable et son effet répondit à l'attente. Aussitôt, l'artillerie française ouvrit le feu contre le faubourg; le capitaine Bouchard s'élança sur le pont avec ses sapeurs, les grenadiers suivaient. On dispersa les débris de la mine on, monta à l'assaut, et tout ce qui se présenta fut passé par la baïonnette. A mesure que les autres bataillons arrivaient, les grenadiers montaient sur les terrasses, et entraient dans les retranchements. Le trouble des Portugais était à son comble. Le général Silveira, qui habitait une maison du faubourg, s'enfuit presque nu. Une résistance de la part des Portugais n'était plus possible; ils abandonnèrent la position avec des pertes considérables en canons, en hommes et en bagages. Les Français n'avaient que 2 morts et 7 blessés.

La croix de la Légion d'honneur fut la récompense des sapeurs des avantages, quand le centre de la position est fort avancé, et que par cela même, le défenseur aura sa retraite compromise en cas de succès.

Toutefois, on devra pouvoir s'en approcher assez facilement à l'abri des obstacles du terrain et être couvert contre les feux du flanc opposé.

Quoi qu'il en soit, l'attaque sur le défilé doit être générale, l'assaillant doit occuper l'ennemi sur toute la ligne, afin de ne pas lui laisser pénétrer le véritable point d'attaque, ou bien si le point d'attaque n'est pas encore fixé, jusqu'à ce que la position de l'ennemi soit parfaitement reconnue.

Dès que le défenseur du défilé cède, on doit le poursuivre avec vigueur.

et du capitaine Bouchard, dont le plan et l'éxécution méritent une même part d'admiration.

—

L'attaque de ces défilés, quand même ils ne sont pas renforcés par des obstacles tels que barricades, etc., est extrêmement difficile.

La bataille de la Rothière nous fournit un exemple des efforts qu'une armée doit faire pour prendre un défilé occupé de cette manière.

La division française Ricard, établie dans le village sur la rive droite, défendait le défilé. Le pont de Dienville fut attaqué à différentes reprises sur la rive gauche, par une partie du 3ᵉ corps d'armée autrichien Guilay.

Le pont ne put être conquis, malgré la part que prit tout le corps d'armée à l'attaque.

L'artillerie prendra position sur les flancs, afin de pouvoir diriger un feu concentrique sur l'entrée du défilé, la cavalerie chargera à son tour, et des colonnes d'infanterie seront lancées à la poursuite de l'ennemi, le suivant pas à pas afin de déboucher en même temps que lui.

On doit même chercher à tourner la position si dans les environs on rencontre des défilés latéraux que la défense aura négligé d'occuper.

Les détachements chargés de ce mouvement peuvent être composés de cavalerie et d'artillerie à cheval, et prendre position de manière à battre le débouché du défilé, et augmenter les pertes et la confusion du défenseur dès qu'il est rejeté (1).

ATTAQUE D'UN DÉFILÉ OCCUPÉ A L'INTÉRIEUR.

L'attaque des défilés de cette nature présentera beaucoup de difficultés, parce que l'ennemi ne peut pas déployer ses forces et accabler le défenseur sous le nombre.

Elle consiste, ainsi que nous l'avons déjà fait pressentir, à prendre une barricade, une coupure, une maison, un pont, un abatis, un blockhaus, etc., en un mot, les obstacles dont le défilé peut être parsemé (2).

---

(1) Comme exemples d'attaque et de défense des défilés, on pourra consulter les batailles de Lody 1796, de Dölitz 1813, de Wavre 1815, de Melignano 1859, de Dienville 1814.

(2) Un exemple remarquable de la défense d'un blockhaus se trouve dans la campagne de 1809.

Un capitaine du génie autrichien défendit énergiquement

Ces sortes de défilés se trouvant dans des montagnes, dans des marais, ne peuvent souvent être tournés, cependant, il faut chercher à le faire si cela est possible pendant qu'on occupe l'adversaire en front (1). La ruse est difficile à employer, les manœuvres en avant du défilé ne servent à rien, l'attaque doit vaincre la résistance des obstacles qui s'opposent à son passage.

Il est essentiel de ne pas engager trop de troupes dans ces combats, car la quantité rendrait les mouvements lents et augmenterait les pertes.

Avant d'entreprendre l'attaque de vive force, il faut chercher à vaincre par surprise, en attaquant la nuit ou bien avant le jour. Mais nous rappelons que ces combats sont toujours meurtriers, si tout le monde fait son devoir.

avec une petite garnison le blockhaus construit dans le défilé de Predel contre la division française Seras.

(1) Pendant la campagne de 1848 en Italie, une partie du corps de Nugent reçut l'ordre d'ouvrir les défilés du Tyrol dans la vallée de Piove, de Bellune sur Langarone et Pieve-di-Cadore, afin de s'assurer une communication directe avec le Tyrol, et de couvrir le flanc droit de l'armée.

Les insurgés, fort de 6,000 hommes, à peu près, avaient occupé et f rtifié Pieve-di-Cadore, où aboutissent tous les défilés latéraux, qui étaient également rendus défensifs par des blockhaus, des coupures, des fougasses pierriers.

Trois colonnes différentes, envoyées pour forcer le passage, revinrent sans avoir obtenu aucun résultat, parce qu'on n'avait pas songé à tourner la position.

Mais lorsqu'une colonne passant par la vallée du Tagliamento, attaqua les insurgés à revers, ceux-ci abandonnèrent la position après une défense molle.

L'attaque de vive force sera commencée par l'artillerie qui démolit les obstacles, l'infanterie cherche à surmonter toutes les difficultés de la marche, se fixe derrière les abris du terrain et continue le combat.

Si l'assaillant remporte des succès, il faut immédiatement faire suivre des secours.

On doit suivre le défenseur sur ses talons, afin de déboucher avec lui du défilé, avec des forces assez considérables, pour paralyser la résistance qu'il aura préparée à la sortie.

La défense du château de Podkost, pendant la guerre de 1866, nous fournit un exemple remarquable de la défense d'un défilé de cette nature.

Des convois.

De l'avis de tous les généraux, la conduite d'un convoi est une des opérations les plus difficiles de la tactique, car un ennemi un peu audacieux peut mettre le plus grand désordre dans la colonne, qui à cause de sa longueur, est très-difficile à surveiller et à défendre.

L'ennemi a le choix du point d'attaque, sur lequel il se jettera avec toutes ses forces, tandis que l'escorte, divisée et échelonnée le long du convoi, doit en assurer la défense sur toute son étendue.

Les convois peuvent être divisés en :
1° Convois par terre;
2° Convois par eau ;
et ils servent à transporter :

1° De la base ou de tout autre lieu à l'armée, des munitions de bouche et de guerre, tels que argent, subsistances, effets d'habillement, d'équipement, d'armement, munitions ;

2° De l'armée vers la base, des prisonniers, des malades ou des blessés.

Les convois par eau ne s'emploient que lorsque la rivière ou le canal se trouvent en arrière de la position qu'occupe l'armée, de manière à pouvoir être couverts complétement.

La défense des convois par eau est encore plus difficile que celle des convois par terre; aussi ne les emploie-t-on que lorsqu'on est presque sûr que l'ennemi ne peut tenter un effort pour les attaquer.

QUALITÉS ET CONNAISSANCES QUE DOIT POSSÉDER LE COMMANDANT D'UN CONVOI.

Le commandant d'un convoi doit posséder toutes les qualités qui distinguent un homme de guerre habile : il doit être prudent, brave, intelligent, audacieux, téméraire, suivant les circonstances ; il doit avoir de la présence d'esprit et beaucoup de sang-froid ; il doit savoir apprécier parfaitement les propriétés tactiques du terrain, connaître à fond la tactique des armes, et avoir le coup d'œil militaire.

Avant d'organiser le convoi, le commandant doit savoir :

1º Quel est le nombre de voitures dont se compose le convoi ;

2º Quels sont les objets dont les voitures sont chargées ;

3º Comment ces différents objets seront répartis sur les différentes voitures ;

4º La distance que le convoi aura à parcourir ;

5º Quels sont les chemins (et leur état) que le convoi doit suivre ;

6º Quels sont les obstacles du terrain, villes, villages, défilés, etc., que le convoi aura à traverser ;

7º Quel est le nombre et la qualité des hommes qui seront sous ses ordres ;

8º Enfin quelle est la position et la force de l'ennemi.

Le commandant du convoi, après avoir reçu du commandant en chef de l'armée un ordre écrit et détaillé sur la route à suivre, fait l'inventaire de son convoi, et ordonne immédiatement les reconnaissances nécessaires.

Au besoin, il fait chasser l'ennemi de la direction de marche du convoi, et occuper les points par où l'ennemi pourrait l'inquiéter ou l'attaquer. Il organise son convoi en donnant un numéro à chaque voiture.

Il se procurera une réserve d'au moins 5 p. c. de voitures vides, et s'assurera que chaque voiture ait une roue et un timon de rechange.

Avant le départ, il réunit son escorte et passe une inspection minutieuse du convoi et des troupes.

10 à 15 voitures peuvent être placées sous la conduite spéciale d'un sous-officier et forment une section; 40 à 50, sous celle d'un officier et forment une division.

Une longueur de convoi de 2,500 pas, correspondant à 200 voitures à 2 colliers,
   125 id. 4 id.,
   100 id. 6 id.,
pourrait être considérée comme le maximum d'étendue à donner à un transport.

Si le nombre de voitures est plus considérable, il faudra se servir de deux routes parallèles, ou faire deux convois séparés, qui se suivront à une certaine distance, chacun sous une escorte particulière.

Il faut éviter en présence de l'ennemi de faire marcher les voitures à deux de hauteur; cette manière de marcher n'est d'ailleurs favorable que lorsqu'on peut parcourir dans cette formation au moins une lieue.

Le commandant du convoi organise l'ordre de marche, et fait parquer le convoi dans cet ordre.

En tête du convoi marchent généralement les bêtes de somme et les remontes, parce qu'en cas d'attaque, il est plus facile de les sauver; puis viennent toutes les voitures importantes, telles que voitures du trésor, et munitions de guerre. Ces dernières cependant peuvent marcher à la queue, mais doivent toujours rester réunies.

La distance entre les voitures sera de 3 à 5 pas

en terrain uni et au moins de 10 pas dans les montées.

Dans les montées rapides, on peut doubler les attelages et faire monter une division du convoi en deux fois.

Dans les descentes rapides et longues, il faut prendre attention aux voitures munies d'étriers d'enrayage. Il faut de temps en temps changer l'étrier de jante, afin que le bois ne prenne pas feu.

Les hommes qui accompagnent le convoi et qui ne font pas partie de l'escorte, marchent en avant pour réparer les petits accidents de la route, ou pour aider aux voitures à les franchir.

Pendant la nuit, on parque généralement.

On parque encore, quand on craint une attaque de l'ennemi.

Les parcs sont donc de deux espèces :

1º Les parcs de repos ;
2º Les parcs défensifs.

Les parcs de repos se forment, en rangeant les voitures sur plusieurs lignes, distantes de 20 à 30 pas, afin que les hommes et les chevaux puissent bivouaquer à l'aise, dételer et atteler toutes les voitures en même temps.

Les chevaux sont attachés devant les voitures à des piquets ou à des entraves, ou bien à une corde tendue d'un timon à l'autre.

Les parcs défensifs peuvent se former de deux manières.

La forme circulaire, d'après Mézeray, est toujours la meilleure que l'on puisse faire prendre aux voitures d'un convoi. On s'en rapprochera donc autant que l'on pourra.

La forme carrée est enseignée par Frédéric le Grand.

Quelle que soit celle qu'on adopte, on peut parquer sur un ou deux rangs.

On obtiendra ainsi des parcs simples ou doubles.

On donne la préférence au parc double. chaque fois que le convoi est assez considérable pour renfermer, malgré le double rang de voitures, toutes celles qu'il faut placer au milieu, telles que les voitures du trésor et de munitions de guerre.

Les circonstances décideront donc du choix de l'une ou de l'autre méthode.

La distance entre les deux rangs de voitures sera de 15 à 20 pas.

Les voitures peuvent être placées bout à bout ou essieu contre essieu; dans ces deux cas, les timons seront placés à l'intérieur du parc.

De loin en loin, on laisse un passage de la largeur d'une voiture pour pouvoir faire des sorties.

Ces passages seront barrés par une voiture placée transversalement à l'intérieur du parc.

Quand le convoi est très-grand, l'archiduc Charles propose de parquer par division en plaçant les parcs en quinconce.

OBJET DE L'ESCORTE, SA COMPOSITION, SA FORCE, SA DIVISION. (PL. X.)

Tout convoi, de quelque nature qu'il soit, doit

avoir sa marche assurée par des troupes qui couvrent la tête, les flancs et les derrières du convoi.

En cas d'attaque de l'ennemi, elles prennent, si le terrain s'y prête, une position défensive, soit sur le front, soit sur les flancs ou sur les derrières du convoi, pour arrêter l'ennemi ou pour le repousser par une attaque impétueuse et énergique, du terrain que le convoi doit parcourir.

Elles ont donc pour objet d'éclairer, de protéger et de combattre.

Le détachement chargé d'escorter un convoi sera donc composé d'après ce triple but. Comme il doit combattre dans un terrain d'une certaine étendue, il doit être composé de trois armes.

Sa force dépend de l'étendue et de l'importance du convoi, de la nature et de l'étendue du pays à parcourir, et enfin de la position, de la force de l'ennemi et de la distance à laquelle il se trouve.

L'escorte est partagée en quatre parties :
1º L'avant-garde ;
2º Le corps principal ;
3º Deux corps de flanqueurs ;
4º L'arrière-garde.

L'avant-garde marche en avant à une distance d'une demi à une journée de marche du convoi, en prenant toutes les mesures de sûreté déjà indiquées, reconnaissant les routes, et se faisant accompagner de bons guides. L'avant-garde occupe les défilés ou points de passages difficiles jusqu'à l'arrivée du corps principal, puis elle reprend sa marche.

Comme il est de la plus haute importance pour l'avant-garde d'avoir rapidement des nouvelles de l'ennemi, on la compose en grande partie de cavalerie.

Quelquefois on peut même lui adjoindre de l'artillerie, si les circonstances et les forces du détachement le permettent.

L'avant-garde repoussera les petits détachements de l'ennemi et arrêtera ceux d'une certaine force, jusqu'à ce que le parc soit formé.

Généralement on adjoint à l'avant-garde un détachement du génie, destiné à exécuter les travaux nécessaires pour assurer la marche du convoi.

Arrivée à l'étape, l'avant-garde fournit les avant-postes pour couvrir le parc; le gros bivouaque sur la route à hauteur des parcs.

Les corps de flanqueurs marchent sur les flancs du convoi et assurent sa sûreté à une distance double (1,000 pas) de celle établie pour une troupe en marche.

L'avant-garde et les corps de flanqueurs envoient souvent, et principalement le soir, des patrouilles de cavalerie dans la direction de l'ennemi.

Le corps principal, sous les ordres du commandant du convoi, marche suivant les renseignements qu'on a sur l'ennemi et la nature du sol, à une certaine distance en avant du convoi ou sur un des flancs dans une seule masse. Autant que possible, il doit être composé des trois armes, mais l'infanterie doit y dominer.

L'arrière-garde assure les derrières du convoi.

DISPOSITIONS A PRENDRE LORSQU'UN CONVOI DOIT PASSER UN DÉFILÉ.

Quand le convoi doit passer un défilé, l'avant-garde opère comme nous l'avons déjà expliqué. Elle l'occupe fortement à la sortie et sur une distance assez étendue, pour que le convoi puisse y parquer.

Le convoi passe le défilé dans un certain ordre, afin de profiter du retard apporté à la marche à travers l'obstacle, pour faire reposer les hommes et les chevaux.

Supposons un convoi de 200 voitures, divisé en 4 divisions de 50 voitures, et supposons, en outre, que chaque division mette une heure pour passer ce défilé.

Dès que la 1re voiture de la 1re division arrive à l'entrée du défilé, les 2e et 4e divisions s'arrêtent et parquent, pour faire reposer et donner à manger aux chevaux.

Les 1re et 3e divisions continuent leur marche, et vont parquer au delà du défilé.

Dès que la queue de la 3e division est entrée dans le défilé, les 2e et 4e divisions déparquent et continuent leur route; pendant ce temps, les 1re et 3e divisions se sont reposées et reprennent leur marche dans l'ordre primitif.

DÉFENSE DES CONVOIS.

Nous dirons peu de choses sur la défense des convois, et nous renvoyons nos lecteurs au § 145 de notre règlement sur le service des armées en campagne. En résumé, il faut, dès que l'ennemi est annoncé, que les troupes de l'escorte engagent le combat dans une bonne position prise à la hâte et y arrêtent l'ennemi, jusqu'à ce que le convoi ait parqué et se soit mis sur la défensive.

Il vaut mieux, en général, éviter le combat et chercher à gagner le lieu de destination.

Si l'escorte était trop faible pour défendre le convoi, le commandant chercherait à sauver les voitures les plus précieuses et détruirait les autres ; et s'il ne pouvait sauver aucune voiture, il chercherait au moins à amener les chevaux pour empêcher l'ennemi d'en profiter. Au besoin il les fera tuer plutôt que de les abandonner.

ATTAQUE DES CONVOIS.

Avant d'attaquer un convoi, il faut s'entourer de tous les renseignements possibles.

La reconnaissance du terrain dans lequel marche le convoi, les accidents qu'il présente, la force du convoi, sa division, la force de l'escorte et sa valeur morale, sa répartition, les qualités du commandant, la valeur des officiers de l'escorte, l'esprit des charretiers, les heures de repos des convois, etc., sont autant de renseignements, que l'assaillant doit se procurer par tous les moyens en son pouvoir.

Pour les obtenir, il faut savoir allier la ruse et la

force; car de la connaissance exacte des points énumérés dépend le succès de l'entreprise.

Dès que l'attaque est combinée, elle doit être exécutée avec rapidité et énergie.

Les meilleurs moments pour attaquer un convoi sont : lorsque celui-ci passe un défilé, et lorsque le terrain présente des difficultés à la marche du convoi, à la formation des parcs et à l'action de l'escorte.

Si l'attaque est numériquement plus forte que l'escorte, elle doit attaquer le convoi sur plusieurs points à la fois, afin de diviser la défense.

A cet effet, l'assaillant divise ses troupes en quatre parties:

La 1re attaque la tête;
La 2e attaque la queue;
La 3e attaque le centre;
La 4e sert de réserve.

(Voir § 118 : Service des armées en campagne; la manière de se conduire pendant l'attaque.)

Si l'assaillant est faible, il faut autant que possible attaquer la queue du convoi, que l'on cherchera à séparer du transport.

La division des troupes de l'assaillant en deux parties correspondra à ce mode d'attaque:

La 1re partie attaquera la queue;
La 2e, la plus forte, luttera contre l'escorte.

L'attaque dans ces conditions est difficile, souvent impossible; aussi la plupart du temps cherche-t-on à inquiéter continuellement la marche du convoi, à le désorganiser, à le forcer à marcher avec lenteur, en brisant des roues des voitures, en endommageant les chemins, etc.

Il faut surtout employer la ruse dans ces attaques, et tendre des embuscades, points sur lesquels nous n'avons rien à dire, attendu que ces modes d'attaque dépendent de la conformation du terrain et appartiennent au domaine de l'inspiration.

CONVOIS DE PRISONNIERS.

Les mesures tactiques de surveillance pour escorter un convoi de prisonniers sont les mêmes que celles que nous venons d'exposer.

En outre, il faut des mesures de police spéciales pour mener le convoi sans désordre au lieu de sa destination.

Les prisonniers seront divisés en pelotons de 10 hommes sous la conduite d'un soldat armé, qui marche sur le flanc.

10 pelotons seront conduits par un officier ou par un sous-officier.

A la tête et à la queue marchent des détachements de soldats armés, dont le nombre varie avec l'importance du convoi.

L'escorte principale marche au milieu; on la renforce au besoin avec de l'artillerie.

On défend aux prisonniers de parler. Des actes de mutinerie seront immédiatement et énergiquement réprimés.

L'étape se fait dans des localités habitées. Les

prisonniers seront enfermés dans des locaux spéciaux, qu'on doit éclairer et surveiller.

Des grand'gardes et des sentinelles surveilleront les bâtiments. Un piquet sera commandé pour donner aide à la garde en cas de rébellion.

Les officiers doivent être séparés de leurs soldats, Ils seront logés à part, on peut même leur laisser une certaine liberté après qu'ils ont donné leur parole de ne pas s'évader.

« Pendant l'attaque de ces convois, dit le règlement sur le service des armées en campagne, quand on doit s'arrêter pour résister, il faut obliger les prisonniers de se tenir couchés, avec menace de tirer sur eux, s'ils tentent de se relever avant d'en avoir reçu l'ordre. »

Si pendant la marche du convoi la délivrance des prisonniers devenait imminente, on doit leur offrir la liberté sous condition de ne plus porter les armes pendant la campagne.

DES CONVOIS PAR EAU.

Les convois par eau sont rarement employés pendant la guerre, à moins que le cours d'eau ne soit complétement couvert, et que le transport puisse se faire avec beaucoup de securité.

Quoi qu'il en soit, le convoi sera organisé, comme les convois par terre, les objets à transporter seront répartis sur les divers bateaux, comme nous l'avons indiqué pour les voitures.

Une reconnaissance exacte du cours d'eau ou du canal doit précéder la marche du convoi.

Une escorte est chargée de couvrir le transport.

Cette escorte marche sur la rive la plus exposée; l'autre rive sera explorée par des patrouilles.

L'escorte marche généralement à hauteur du convoi, mais envoie des détachements à l'avance pour occuper les défilés, les ponts, etc., en général, les pas difficiles, qui se présenteront sur la route à suivre.

DÉFENSE.

Des patrouilles de cavalerie seront envoyées contre l'ennemi, pour le reconnaître et l'annoncer assez à temps.

Dès qu'il se rapproche, l'escorte va à la rencontre de l'ennemi, afin de le tenir le plus éloigné possible du convoi, pour que celui-ci ait le temps de se réfugier en lieu sûr, et de se mettre à l'abri des feux de l'artillerie.

Pour mieux pouvoir tenir l'ennemi à distance, l'escorte aura de l'artillerie de $0,09^m$ (6 ℔).

La défense se fera principalement avec cette arme.

Chaque bateau aura une escorte d'infanterie qui concourra à la défense si l'ennemi se rapproche.

On doit tenir des nacelles prêtes pour faire passer sur l'autre rive l'escorte refoulée par l'adversaire.

Le commandant du convoi cherchera à sauver la plus grande partie des bateaux, et détruira le reste, ou bien il fera couler tous les bateaux, s'il ne lu reste aucun espoir de soustraire le transport à l'ennemi.

ATTAQUE.

L'attaque d'un convoi par eau doit être précédée d'une reconnaissance du terrain et du cours d'eau.

Le commandant doit s'entourer de tous les renseignements, que nous avons signalés à propos des transports par terre, afin de pouvoir choisir les points où l'attaque du convoi présentera le plus de facilité.

L'attaque se fera au moyen d'une nombreuse artillerie, placée en des positions bien choisies : par exemple, dans des coudes bien prononcés, ou bien sur des rives plates, ou bien dans des endroits d'où l'on puisse battre le cours d'eau d'enfilade, ou bien encore dans des endroits où le courant est peu rapide.

L'escorte sera vivement attaquée, en même temps que l'artillerie ouvre le feu sur les bateaux.

L'attaque doit chercher à occuper les ponts, les écluses par où le convoi doit passer.

Si les forces assaillantes sont considérables, on peut jeter un détachement sur l'autre rive et attaquer le convoi de deux côtés à la fois.

Si le défenseur est rejeté, on emmènera les bateaux, ou, si cela n'est pas possible, on les détruira immédiatement.

Des gués.

Un gué est l'emplacement dans le lit d'un fleuve ou d'une rivière où le fond est assez ferme et l'eau assez basse, pour pouvoir la traverser sans danger dans toute sa largeur.

Un gué offre d'immenses avantages à une troupe en présence de l'ennemi. Sans l'existence d'un gué, le passage des cours d'eau, fleuves ou rivières, présente beaucoup de dangers, car il faut, dans ce cas, construire des ponts, en face de son adversaire, opération extrêmement difficile, longue et qui entraîne toujours à de grandes pertes.

Avant de s'en servir, il faut les reconnaître.

Cette reconnaissance consiste :

1º A explorer les rives à l'endroit des gués, à examiner leur forme, si elles couvrent les troupes à l'entrée et à la sortie du défilé, si l'on peut approcher du gué sans être vu de l'ennemi ;

2º La largeur de la rivière à l'endroit du gué;

3º La direction des gués ; s'ils sont obliques ou perpendiculaires à la direction du cours de la rivière ;

4º La vitesse de l'eau à l'endroit du gué ;

5º La plus grande profondeur de l'eau ;

6º La nature du fond dans les différentes parties du gué ;

7º S'ils sont exposés à des crues subites ou à des époques déterminées ;

8° S'il est possible à l'ennemi de rendre le gué impraticable et comment il peut le faire ;

9° Si dans le voisinage, la rivière ne présente pas d'autres gués, et quel est le meilleur.

QUALITÉS D'UN BON GUÉ.

Un gué, pour être bon, doit réunir les qualités suivantes :

1° La profondeur ne doit pas dépasser 1 mètre pour l'infanterie, 1 mètre 30 pour la cavalerie, 0,80 pour l'artillerie, afin que l'infanterie n'ait de l'eau que jusqu'à la ceinture, la cavalerie jusqu'au ventre des chevaux et l'artillerie jusqu'au moyeu des roues.

2° Les débouchés sur les deux rives doivent être faciles, afin que l'on puisse entrer et sortir du gué sans désordre ;

3° La rive amie doit être plus élevée que la rive ennemie, afin de pouvoir la dominer ;

4° L'eau doit atteindre sa plus grande profondeur par une pente douce, pour que le soldat, s'engageant peu à peu dans l'eau, ne conçoive aucune crainte ;

5° La rivière ne doit point être trop large, sans quoi le gué deviendrait trop long.

Le passage des gués fatigue beaucoup le soldat, et en présence de l'ennemi, la troupe serait trop longtemps exposée à ses coups ;

6° Les gués larges sont les plus sûrs ;

7° Un gué oblique est plus favorable qu'un gué

perpendiculaire, parce que la vitesse du courant, dans le premier cas, est moindre;

8° La vitesse du courant doit être modérée; trop de rapidité en rendrait le passage très-fatigant;

9° Le fond doit être solide et ferme, peu susceptible d'être creusé par le piétinement;

10° Le gué ne doit pas être embarrassé de grosses pierres;

11° Il ne faut pas qu'il soit exposé à une crue subite, provenant soit de la fonte des neiges, d'une pluie subite, d'une inondation, que l'ennemi pourrait provoquer, ce qui compromettrait le passage.

RECHERCHE DES GUÉS.

Pour rechercher un gué, on doit préalablement explorer les rives du cours d'eau à traverser.

On reconnaît généralement l'existence d'un gué à la solution de continuité d'une route, qui s'arrête brusquement à une rive et continue sur l'autre.

Un élargissement subit de la rivière indique également un gué, parce que pour le même volume la hauteur d'eau sera moindre.

L'endroit d'une rivière où le courant est très rapide, indique généralement aussi l'emplacement d'un gué.

Souvent il en existe également dans la direction de la ligne, qui joint deux sinuosités successives d'une rivière, parce que à chaque coude, il se forme des dépôts de sable, qui finissent par se rejoindre.

Souvent aussi on trouve un gué en avant d'une chute d'eau, parce que le mouvement des eaux fait relever les terres dans la direction du courant. Ces gués sont cependant dangereux.

Faute d'indications de ce genre, le moyen le plus sûr et le plus prompt pour trouver un gué consiste à descendre la rivière en nacelle, suivant le thalweg, en attachant à la nacelle une sonde d'une hauteur convenable, suivant le gué que l'on désire trouver.

Dès qu'on s'aperçoit, que la sonde touche le fond, on arrête la nacelle et on sonde la rivière dans tous les sens, on mieux encore, on peut attacher à la nacelle un bâton de la longueur voulue, qui en touchant le fond arrête la nacelle.

Il se pourrait que le gué fût incomplet en certains endroits, au thalweg par exemple. Dans ce cas, on pourrait le compléter au moyen de fascines lestées de pierres, au moyen de planches jetées dans la direction du gué et maintenues aux deux extrémités, etc.

MANIÈRE DE PASSER LES GUÉS.

Avant de passer un gué, il faut le faire explorer de nouveau, s'il ne l'a pas été depuis longtemps, pour s'assurer si la hauteur d'eau n'a pas varié et si le fond est en bon état ; il faut marquer exactement la largeur du passage au moyen de deux rangées de forts piquets, dont on relie les têtes avec un cordage d'ancre.

Si l'on n'avait pas de piquets à sa disposition, il faudrait au moins indiquer la largeur du gué sur la rive de départ et sur celle d'arrivée, ou bien indiquer la direction du gué par la position de deux piquets ou pierres au départ, et par un arbre, une maison, un clocher, etc., au loin sur l'autre rive.

Le passage doit se faire par petits détachements marchant de front, les rangs ouverts, alignés dans la direction du courant, pour ne pas barrer ou gonfler la rivière.

Pour éviter que des soldats soient entraînés par le courant et exposés à se noyer, on pourrait placer en aval une ligne de cavaliers, des nacelles, ou bien tendre un cordage d'ancre à fleur d'eau d'une rive à l'autre.

L'infanterie défile ordinairement la première, puis viennent les voitures, et ensuite la cavalerie. On doit marcher contre le courant, les yeux fixés sur la rive opposée en refusant l'épaule d'amont.

Les gués ne sont pas des communications sûres ; ils sont vite détruits par le passage, par des crues subites ; ils engendrent toujours quelque désordre dans la troupe après la sortie et enfin, ils peuvent compromettre la santé des hommes et des chevaux.

Pour obvier à ce dernier inconvénient, on doit avoir soin de ne pas laisser entrer dans l'eau les hommes et les chevaux couverts de sueur, mais les laisser reposer avant d'opérer le passage.

Autant que possible, on doit faire passer l'infanterie sur des voitures, et si cela n'est pas possible, les hommes mettent leur ceinturon autour du cou, et le fusil sur le havresac, afin de ne pas détériorer leurs armes et leurs munitions pendant le passage à gué.

MOYENS POUR ROMPRE UN GUÉ.

Pour rendre un gué impraticable on peut barrer a rivière en aval, afin de hausser le niveau d'eau en amont.

On peut encore l'approfondir en le draguant, ou en y faisant des coupures, des crics, ou bien en y jettant des herses de laboureur, de planches à clous, des instruments aratoires, que l'on attache au sol au moyen des chausses-trappes ou de petits piquets.

On peut même y jeter un abatis, que l'on ancre solidement.

Un autre moyen consiste à jeter des bouteilles remplies de poudre au fond, auxquelles on met le feu au moyen d'une mêche, qui brûle sous l'eau.

L'explosion produit un entonnoir plus ou moins grand.

On peut encore enfoncer des piquets à fleur d'eau, sur toute la largeur du gué, y jeter de grosses pierres, etc., etc.

MOYENS POUR RÉTABLIR LES GUÉS.

Pour rétablir les gués rendus impraticables, on détruit le barrage qui a fait monter le niveau de l'eau, on comble les trous, les crics, les entonnoirs, au moyen de pierres, on arrache avec des crocs, les herses, les planches, les abatis, etc.

Les petits piquets sont cassés, les chausses-trappes sont balayées, ou bien on les recouvre de saucissons, sur lesquels on fixe de claies.

Les piquets sont arrachés, les pierres sont ôtées, etc., etc.

DÉFENSE ET ATTAQUE DES GUÉS.

Pour défendre un gué, on commence par le rendre impraticable par un des moyens cités plus haut, et on prend en arrière une disposition de troupes, comme pour la défense d'un défilé de faible étendue, dont les flancs sont découverts mais inaccessibles, avec cette différence, que l'on n'établit jamais des troupes en avant du gué.

On pourrait augmenter la résistance, en construisant en arrière du gué une ligne de fortifications, dont le feu se concentre sur le débouché du défilé; et pour rendre l'obstacle plus sérieux, on pourrait conduire l'eau dans les fossés.

On attaque les gués de la même manière qu'on attaque les ponts, nous renvoyons donc le lecteur au chapitre relatif à cet objet.

Quelques mots sur la tactique de la cavalerie.

OBJET DE LA CAVALERIE. — SES MODES D'ACTION.

La cavalerie a pour objet: d'éclairer, de renverser, de poursuivre.

Éclairer, c'est-à-dire reconnaître le terrain qu'elle doit parcourir, parce que le chef de l'armée doit toujours être exactement renseigné sur les dangers dont il est menacé, afin qu'il puisse prendre les dispositions nécessaires.

Renverser au moyen des charges, l'ennemi entamé ou non par les autres armes, ou rompre à la fin des engagements les dernières formations de l'ennemi, donc compléter le résultat des deux autres armes : l'infanterie et l'artillerie.

Poursuivre l'ennemi, lorsqu'il a été culbuté, ou s'interposer entre l'adversaire et l'armée en retraite afin de ralentir la poursuite.

Pour remplir ces buts multiples, il faut deux qualités à la cavalerie; la rapidité et la force d'impulsion.

Par la rapidité des allures, la cavalerie peut apparaître spontanément en des endroits éloignés du champ de bataille, afin de profiter de tout mouvement de désordre, de faiblesse de l'adversaire, pour l'attaquer à l'improviste et le vaincre plus facilement Cette rapidité lui permet également de se retirer rapidement hors de portée des armes à feu après une attaque non réussie, ou bien exploiter le succès et le compléter par une poursuite rapide.

En dehors de l'action du champ de bataille, la cavalerie fait les services les plus importants, le service de sûreté, d'éclaireur, etc. Par la force d'impulsion, par le choc, elle peut dissoudre violemment des détachements ennemis et les détruire, surtout l'infanterie, si celle-ci a déjà été ébranlée par l'action du feu d'infanterie et d'artillerie.

Ces qualités ne pouvant être exploitées que dans l'attaque, la cavalerie n'est propre qu'à l'offensive, même si l'armée ou le corps d'armée ou le détachement à laquelle elle appartient est sur la défensive.

La défensive n'est employée qu'exceptionnellement par la cavalerie dans les combats à pied.

La cavalerie combat en ordre serré et en ordre dispersé, mais elle ne retire pas, comme l'infanterie, les mêmes avantages de cette dernière formation de combat, aussi en fait-elle un usage très-restreint.

Le terrain propre aux combats de cavalerie est un terrain légèrement ondulé, parsemé de bois, de villages, de fermes, de collines, qui permettent de masquer les troupes et de dissimuler leurs mouvements. Mais en dehors du combat, où elle agit d'une façon isolée, pendant le service de sûreté, d'éclaireur, où elle marche en détachements isolés, elle peut surmonter certains obstacles; dans ces circonstances, elle est moins dépendante du terrain.

L'armement de la cavalerie se compose: du sabre,

de la lance, du revolver et du mousqueton se chargeant par la culasse.

D'après cet armement, la cavalerie a deux moyens d'action :

1° Par le choc ou à l'arme blanche ;
2° Par le feu.

Le choc est le mode d'action principal, tandis que les feux ne sont qu'un mode d'action accessoire et exceptionel, employé quand la cavalerie combat à pied, car le tir à cheval n'a aucune efficacité.

PRINCIPES A OBSERVER DANS LES COMBATS DE CAVALERIE

Un principe essentiel à observer par la cavalerie dans les combats, c'est de ne jamais se laisser attaquer, mais de procéder offensivement, c'est-à-dire d'aller à la rencontre de l'ennemi. En outre, elle doit savoir profiter des rares moment qui se présentent pendant l'action, pour s'élancer dans la trouée, chercher à gagner toujours le flanc de l'adversaire et ne jamais attaquer sans réserve, afin qu'elle soit garantie elle-même contre des attaques en flanc et d'avoir au moment du choc, qui est un moment dangereux pour la cavalerie, des troupes qui puissent au besoin soutenir sa retraite.

DES ATTAQUES DE LA CAVALERIE.

Dans l'attaque, la cavalerie doit charger dans une bonne direction, au moment opportun et au point convenable, avec la plus grande impétuosité dont la cavalerie soit susceptible.

Les prescriptions à observer pour le choc sont :

Toute attaque doit être précédée d'une reconnaissance (au moyen de quelques éclaireurs) du terrain, pour ne pas tomber sur des obstacles inattendus (1).

L'attaque doit se faire au moment opportun, c'est-à-dire ni trop tôt ni trop tard, et aux allures convenables.

Trop tôt, l'ennemi reconnaît l'attaque et la force de la cavalerie; il a le temps de prendre des mesures pour repousser l'attaque en flanc; trop tard, elle manque évidemment le but.

D'après le règlement, la charge ne commence qu'à 600 à 620 pas de l'ennemi. Cette distance est décomposée comme suit : 400 pas au trot, 140 au galop et 60 à 80 pas en carrière.

Cette règle n'est cependant qu'un type général.

Il faut surtout observer que le galop et la carrière ne doivent pas commencer trop tôt, afin que la cavalerie ait acquis la moyenne de vitesse au moment du choc et qu'elle puisse encore déployer une certaine rapidité pour la retraite, si l'attaque échoue.

Pendant la marche en avant, la direction au dernier moment doit être normale à la face, qui reçoit le choc.

Il faut en outre, qu'au moment du choc, il y ait de l'ordre et de l'union dans les rangs de la cavalerie.

(1) Exemple, la charge de la cavalerie française sur les carrés anglais, établis en arrière du chemin creux d'Ohain.

La réserve (la 2ᵉ ligne) pour des détachements considérables) doit toujours suivre les troupes qui exécutent la charge, sur l'une ou l'autre aile et à une distance de 300 à 500 pas.

La formation de la réserve est généralement en ligne ou en colonne pour de petits détachements.

Pour des détachements plus considérables, régiments, etc., elle est toujours en colonne, afin de trouver plus facilement un couvert dans le terrain et conserver la possibilité de pouvoir jusqu'au dernier moment choisir la bonne direction de l'attaque.

DIFFÉRENTS GENRES D'ATTAQUE.

La cavalerie peut attaquer :
En ordre déployé,
En colonne,
En fourrageurs.

L'*attaque en ordre déployé* est employée de préférence contre la cavalerie.

Le moment le plus favorable pour l'entreprendre est celui, où la cavalerie ennemie passe d'une formation à une autre, ou lorsqu'elle est déjà engagée de front et qu'on peut l'attaquer en flanc.

La cavalerie en ordre déployé peut attaquer une infanterie en ligne par surprise, ou bien lorsqu'elle est déjà fortement entamée par les feux de l'infanterie et de l'artillerie.

Toutefois, la cavalerie, quand elle attaque dans cette formation avec une force supérieure à un escadron, doit se garantir contre les attaques de flanc, en disposant des subdivisions derrière ses ailes (appelées ailes défensives) qui suivront le mouvement en échelons ou en colonne.

L'*attaque en échelons* est une attaque en ligne, dans laquelle les escadrons chargent successivement sur les points correspondants de la ligne ennemie.

Les échelons se forment par escadron, par division ou par régiment, et chaque échelon charge comme une ligne.

L'*attaque en colonne* est employée contre l'infanterie en colonne ou en carré.

Elle s'exécute en colonne par escadrons en partant de la formation en masse de colonnes.

Dans cette attaque, les escadrons se suivent à la distance de 150 pas.

L'*attaque en masse de colonnes* est employée, pour faire une trouée dans la ligne à travers laquelle on veut passer; le règlement dit même, que lorsqu'on est attaqué à l'improviste ou qu'il faut à tout prix se frayer un passage, on charge dans l'ordre où l'on se trouve.

En Prusse, le 4e escadron se divise à droite et à gauche de la colonne, et se tient à hauteur des serre-files du 3e escadron, formant ainsi flancs offensifs pendant qu'on exécute la trouée.

La charge dans l'ordre en masse de colonnes ne se fait qu'au trot.

La charge en fourrageurs s'emploie contre une troupe désorganisée, une ligne de tirailleurs, pour sabrer et faire prisonnière un infanterie battue et en fuite.

Elle s'emploie principalement contre l'artillerie.

COMBAT A PIED DE LA CAVALERIE (1).

Dans une armée, la cavalerie représente l'élément offensif par excellence; c'est pourquoi le choc et l'arme blanche sont ses moyens d'action principaux.

Cependant, il peut arriver qu'un détachement de cavalerie se trouve dans la nécessité de mettre pied à terre et de combattre avec ses armes à feu.

Ce cas se présente :

1° Lorsqu'il s'agit d'occuper un pont, un défilé, un nœud de communications, un point important du champ de bataille, que l'infanterie ne pourrait atteindre sans une perte de temps irréparable.

La cavalerie se porte avec célérité au point indiqué, organise la défense en tirant parti de toutes les circonstances locales favorables, et s'y maintient jusqu'à l'arrivée d'autres troupes.

2° Dans la retraite, lorsqu'elle s'opère à travers un pays accidenté.

Une partie des cavaliers de l'arrière-garde mettent pied à terre, occupent la lisière des bois, les abords des villages, s'embusquent derrière les haies et les plis du terrain.

Ils ralentissent ainsi la poursuite de la cavalerie

---

(1) Extrait du règlement des manœuvres de la cavalerie.

ennemie et donnent le temps au corps principal de s'écouler et de gagner de l'avance.

3° Dans les poursuites, les cavaliers qui sont à l'avant-garde, attaquent les postes où l'ennemi veut l'arrêter et faire tête, et ne lui laissent pas le temps de s'y établir solidement.

4° Lorsqu'un corps de cavalerie est chargé de défendre une position contre une cavalerie supérieure en nombre, et que les localités permettent de tendre une embuscade, un certain nombre de cavaliers descendent de cheval et prennent position. Le reste de la troupe manœuvre de manière à attirer l'ennemi sous leur feu.

Si l'ennemi donne dans le piége, on profite, pour tomber sur lui, de la surprise et du désordre qu'une décharge imprévue ne peut manquer de jeter dans ses rangs.

5° Lorsqu'il faudra détruire sur les derrières de l'ennemi les voies ferrées, ou le matériel de chemin de fer dont il a conservé l'usage, ou bien déjouer de semblables tentatives contre nos lignes.

Quelles que soient les circonstances qui exigent que la cavalerie combatte à pied, elle doit toujours éviter la lutte en rase campagne. Dans aucun cas, il ne peut être question pour elle de manœuvrer ni de combattre à rangs serrés. Les cavaliers doivent, au contraire, se disperser en tirailleurs, en profitant de tous les obstacles naturels ou artificiels qui peuvent les couvrir et leur permettre d'ajuster avec soin.

COMBATS DE CAVALERIE CONTRE L'INFANTERIE.

Nous allons tracer les caractères principaux des combats qui peuvent se livrer entre ces deux armes.

Ces combats peuvent se diviser en :

1º Combat de cavalerie en ordre serré contre l'infanterie dans le même ordre;

2º Combat de cavalerie en ordre serré contre l'infanterie en ordre dispersé;

3º Combat de cavalerie en ordre dispersé contre les tirailleurs.

COMBAT DE CAVALERIE EN ORDRE SERRÉ CONTRE L'INFANTERIE DANS LE MÊME ORDRE.

Nous avons établi précédemment, d'une part, que l'action principale de l'infanterie était le feu, tandis que celle de la cavalerie était le choc; d'un autre côté, que la cavalerie agissait toujours offensivement ; nous verrons donc dans cette lutte l'offensive ou le choc, et le combat à l'arme blanche, aux prises avec la défensive et l'action par le feu.

Nous avons dit que le choc ne peut réussir que lorsqu'il est fait avec élan, union et à propos, avec rapidité et avec énergie, et que l'infanterie ne peut résister à l'action de la cavalerie, qu'au moyen de son feu, donc en combattant de pied ferme.

Ce n'est qu'avec un feu à petite distance que l'infanterie devra chercher à rompre l'union de la cavalerie et à modérer son élan.

L'action du feu a une grande influence morale sur la cavalerie, et cette influence croît en raison inverse de la distance à laquelle les feux sont donnés.

A mesure que le cavalier approche de l'infanterie, le danger d'être atteint devient plus grand ; il raccourcit instinctivement les rênes et modère l'allure de son cheval.

L'ordre et l'union de la cavalerie sont détruites par le feu même, qui éclaircit les rangs des troupes attaquantes.

L'histoire des guerres produit peu d'exemples de carrés enfoncés par la cavalerie, lors même que le feu de l'infanterie était peu meurtrier, les fusils ratant par suite du mauvais temps (bataille de la Katzbach).

Cet effet peut être expliqué par la répugnance des chevaux à se lancer sur des groupes d'hommes, à moins qu'ils n'y soient forcés par l'éperon de leurs cavaliers.

La cavalerie, pour réussir dans ses charges, doit tâcher de surprendre un moment de faiblesse de l'infanterie, c'est-à-dire quand elle se meut ou qu'elle se trouve engagée dans une manœuvre.

Elle doit attaquer quand l'ordre de la masse est troublé, chercher à l'intimider, à la dégarnir de son feu et agir avec l'allure la plus vive après une décharge de l'infanterie ou pendant qu'elle recharge ses armes.

Avec la rapidité du chargement des armes actuelles, il sera extrêmement difficile à la cavalerie de surprendre l'infanterie au moment même où elle n'a pas de feu.

Si cette arme est manœuvrière, les moments de faiblesse seront rares, surtout avec la perfection de ses règlements; mais on peut poser en règle générale, que la cavalerie ne doit jamais faire des charges d'essai; l'infanterie les reconnaîtra vite, et la force morale des cavaliers se perd à de pareilles tentatives.

La cavalerie, pour avoir du succès, doit être persuadée que rien ne peut résister à son choc, et l'infanterie, par contre, doit avoir la conviction intime que la cavalerie ne peut rien contre elle; mais pour cela il faut qu'elle reste constamment calme, unie, et qu'elle soit toujours maîtresse de son feu.

En général, les combats de cavalerie contre l'infanterie ne se présenteront que vers la fin d'une action; à ce moment, si la cavalerie est employée habilement et au moment opportun, leur résultat sera toujours considérable, malgré les perfectionnements des armes à feu de l'infanterie.

En effet, celle-ci aura beaucoup souffert pendant le combat, son ordre sera en partie détruit, les bataillons seront décimés, l'élément moral aura souffert, les chefs et les plus braves soldats sont en partie tués ou blessés; à ce moment, le choc impétueux de la cavalerie encore intacte, tenue jusque-là à l'abri du feu destructeur, pourra s'exercer dans toute sa vigueur.

Quant au mode d'action et à la formation que la cavalerie doit adopter pour charger l'infanterie en ordre serré, on pourrait établir les principes suivants :

1º L'attaque doit avoir le caractère d'une surprise; elle doit donc être conduite avec rapidité, mais avec ordre.

2º L'étendue du front de la cavalerie qui attaque, doit être en rapport avec celui de l'infanterie; une plus grande étendue du front de la cavalerie est inutile.

(Voir ce que nous avons dit à ce sujet pages 17 et 18).

Pendant le combat même, il se présente des circonstances où la cavalerie peut attaquer l'infanterie avec quelque chance de succès, par exemple, lorsque celle-ci exécute des mouvements d'une certaine durée, surtout pendant les retraites, lorsqu'elle a soutenu pendant un temps assez long un combat par le feu, qu'elle a presque épuisé ses munitions, et en général quand elle manœuvre.

3º La formation doit permettre une action rapidement successive, afin d'ébranler l'adversaire et de tirer profit de la circonstance, que l'infanterie se dégarnit de son feu en tirant sur le premier détachement qui charge.

La colonne répond le mieux à ce principe.

Voici ce que dit le règlement de la cavalerie au sujet de la charge en colonne:

« La grande portée et la rapidité du tir ne permettent guère à la cavalerie d'attaquer l'infanterie de front, à moins que celle-ci ne soit ébranlée par la mousqueterie ou le feu de l'artillerie, ou bien que la cavalerie ne puisse la surprendre en marche ou en voie de formation.

« La cavalerie, qui s'apprête à charger de l'infanterie en position, doit d'abord chercher à utiliser le terrain et prendre des dispositions préparatoires qui l'exposent le moins possible aux effets du feu; puis, elle fait faire par ses tirailleurs quelques démonstrations dans le but d'apprécier le moral de l'ennemi. Si l'infanterie, au lieu de rester calme, se met à tirer, il faut la charger vigoureusement en colonne ou en ligne.

« Si, au contraire, l'infanterie reste impassible, il faut agir successivement sur un ou plusieurs points. Les charges se font alors en échelons ou en colonnes avec de grandes distances. »

4° Il est de la plus grande importance que les attaques se répètent sur un angle ou sur une face du carré.

Le même règlement, § 922, dit :

« Il peut être avantageux, en même temps que l'on attaque un angle, de charger les deux faces adjacentes, de manière à diviser les feux de la défense. »

Si l'attaque échoue, il faut se rallier à toute vitesse pour se mettre hors des atteintes du feu.

Tous les tacticiens sont d'accord sur l'attaque des carrés sur les angles, d'abord, parce qu'un plus grand front de cavalerie peut être mis en action et qu'on attaque de cette manière deux faces; en second lieu, parce que dans cette attaque, l'efficacité du feu de l'infanterie, qui est donné dans une direction oblique, est moindre, et en troisième lieu, parce que l'infanterie elle-même est convaincue, que les angles sont les points les plus faibles de cette formation.

Il faut cependant remarquer, que dans l'attaque d'une face, le choc se fait sur toute l'étendue; tandis que dans l'attaque d'un angle, un seul point est choqué, et l'union de la cavalerie est détruite par suite de l'attaque même.

Dans les carrés vides, où toutes les faces sont également garnies de feu, l'attaque sur l'angle semble l'attaque la plus favorable; tandis que dans les carrés pleins, où les faces sont inégales, les points faibles sont évidemment les petites faces, qu'il faudra attaquer dans cette circonstance.

Si l'infanterie est formée en plusieurs carrés, la cavalerie devra d'abord attaquer les carrés des ailes, pour éviter les feux croisés des carrés voisins.

Une cavalerie rejetée par l'infanterie a peu de chances de réussite dans une nouvelle attaque sur le même corps.

En effet, celui-ci n'a presque subi aucune perte dans l'action, tandis que la cavalerie, exposée à un feu efficace à petite distance, laissera sur le terrain des chevaux et des cavaliers, qui, au bout d'une ou de plusieurs charges, formeront un obstacle difficile à franchir; de plus, l'effet moral produit sur la cavalerie par les pertes essuyées est considérable et diminue beaucoup les chances de succès.

Si l'attaque réussit, si le carré est enfoncé, il

s'ensuit une lutte corps à corps qui devient désavantageuse pour l'infanterie, alors même que celle-ci remplit son devoir, lorsque les détachements suivants de cavalerie viennent compléter le désordre produit par les cavaliers qui seront parvenus à s'introduire dans le carré.

Dans ce cas, § 923 du règlement de cavalerie, les escadrons, qui n'auront point donné se mettent à la poursuite des fuyards, jusqu'à ce qu'ils soient arrêtés par la sonnerie du ralliement; ils reviennent alors se reformer à leur rang derrière les escadrons déjà ralliés.

COMBAT DE CAVALERIE EN ORDRE SERRÉ CONTRE L'INFANTERIE EN ORDRE DISPERSÉ.

Il arrive souvent que le combat de tirailleurs en terrain coupé peut être soutenu par quelques détachements de cavalerie en ordre serré.

Dans ce cas, l'infanterie en ordre dispersé peut être attaquée par la cavalerie pendant le combat, pendant qu'elle avance, ou pendant qu'elle se retire.

Si l'infanterie est surprise dans ces moments et qu'elle soit dans l'impossibilité de faire le ralliement par section ou sur le soutien, elle se trouve dans une situation fort désavantageuse, qui peut la mener à sa perte.

Le soldat d'infanterie isolé ne peut rien contre une troupe de cavalerie en ordre serré; il en est de même d'une ligne de tirailleurs, qui ne peut opposer à cette arme une résistance concentrée.

On voit par là l'avantage de l'action combinée de deux armes, même en terrain coupé.

En effet, un escadron, même un peloton de cavalerie peut, s'il apparaît au moment opportun sur une partie du terrain propre à son action, donner une nouvelle tournure à un combat de tirailleurs longtemps indécis. Ainsi, par exemple : l'accès de la lisière d'un bois, occupée par l'infanterie et soutenue par quelques détachements de cavalerie en ordre serré, peut pour ainsi dire être rendu impossible aux tirailleurs ennemis.

Une attaque de cavalerie en ordre serré sur une ligne de tirailleurs est réellement dangereuse, quand elle se fait pendant le combat même. Si l'attaque est combinée, la ligne de tirailleurs ennemie succombe presque toujours ; même la formation de petites masses ne peut les sauver, attendu que celles-ci seront vite entourées et détruites par les tirailleurs de la partie adverse.

Si au contraire, la cavalerie agit d'une manière isolée, le danger n'est pas aussi grand pour l'infanterie. Beaucoup de fantassins sauront se garer de cette attaque en s'écartant de la direction, en se jetant à terre, et les pertes à essuyer ne seront pas grandes.

Ainsi, à la bataille de Pantin derrière Paris, une forte ligne de tirailleurs fut attaquée par un escadron de uhlans polonais, qui enfila toute la ligne.

Les tirailleurs se jetèrent à terre, les pertes furent

peu considérables, attendu que les cavaliers, enlevés par la vitesse de leurs chevaux, n'avaient pas le temps de sabrer les fantassins.

Mais si l'attaque n'est pas surprenante, inattendue, les tirailleurs auront presque toujours le temps de se former en petits paquets, de se rallier sur le soutien, et ces petits cercles de 20 à 25 hommes ont une force de résistance, qui n'est pas beaucoup moindre que celle des carrés.

Le choc sur ces petits détachements n'est d'ailleurs pas fort considérable; il ne peut s'exécuter que sur quelques chevaux de front, et ces chevaux peuvent facilement s'échapper à droite et à gauche.

L'expérience a du reste prouvé que la résistance de ces petites masses est tellement grande, que la cavalerie doit faire autant de sacrifices pour les enfoncer, que pour culbuter des bataillons entiers, et dans beaucoup de cas, la cavalerie réfléchira, si les fruits du succès valent les sacrifices de l'attaque.

Aussi a-t-on vu souvent de ces petites masses se tirer d'une situation embarrassante, lorsqu'elles se trouvaient à proximité d'un obstacle qui pouvait les abriter, ou à proximité d'une réserve qui pouvait la recevoir.

La force de résistance de ces masses croît avec le nombre d'hommes qui la forment; aussi les officiers d'infanterie doivent-ils chercher à en réunir plusieurs aussitôt qu'une occasion favorable se présente.

A la fin de la bataille de Ligny, une petite masse formée d'une centaine d'hommes des différents régiments qui avaient combattu à Saint-Amand, se retira vers la hauteur de Bry, malgré toutes les attaques de cavalerie qui furent lancées contre elle.

COMBAT DE CAVALERIE EN ORDRE DISPERSÉ CONTRE L'INFANTERIE DANS LE MEME ORDRE.

Ce genre de combat se présente, quand la cavalerie est parvenue à renverser un carré d'infanterie, dans la poursuite, aux avant-postes, pendant le service des patrouilles, et en général dans la petite guerre.

On croit généralement que le cavalier isolé est supérieur au fantassin dans le combat singulier.

Il n'en est cependant pas ainsi.

Le fantassin est maître de ses mouvements, le cavalier a son cheval à diriger; le cavalier cherchera à renverser le fantassin, tandis que celui-ci tâchera, par des sauts à droite et à gauche, d'éviter le choc, en se jetant sur la droite du lancier et sur la gauche du chasseur à cheval, et à blesser le cavalier ou le cheval et de le mettre hors de combat, ou bien de tuer l'un ou l'autre à petite distance. Si le fantassin réussit à donner un coup, principalement sur le nez du cheval, le cavalier aura de la difficulté à faire approcher une seconde fois sa monture du fantassin.

Le cavalier à bien ses armes à feu pour riposter au feu du fantassin; mais il faut remarquer qu'il est difficile sinon impossible à un cavalier lancé à une allure vive de tirer juste, et que pendant le temps très-court qu'il met à fondre sur le fantassin, il ne peut exploiter la rapidité du tir de son mousqueton, à moins qu'il ne soit armé d'un revolver.

Le fantassin n'est dans une position critique, que lorsqu'il est dégarni de son feu, qu'il a tiré et qu'il a manqué l'adversaire. Alors le courage de l'attaquant devient plus fort, et l'avantage est du côté du cavalier.

Mais si le fantassin sait bien manier son fusil, s'il possède son escrime à la baïonnette, et s'il sait l'appliquer dans cette circonstance difficile, il aura la supériorité dans la lutte.

Dès que le combat cesse d'être des duels deux à deux, que plusieurs cavaliers se réunissent pour combattre contre des fantassins isolés, l'avantage appartient sans contestation à la cavalerie.

Telle est la situation en terrain uni.

En terrain coupé, la cavalerie perd la rapidité de ses mouvements, et son action est nulle. Elle ne peut rien contre une infanterie bien résolue.

Les circonstances peuvent cependant changer cette situation.

Ainsi, on a vu une infanterie démoralisée par un combat malheureux, être poursuivie sur un terrain accidenté et couvert par de la cavalerie, dont le courage était exalté par le succès.

TABLE DES MATIÈRES.

Avant-Propos...	5
De la force morale...	7
Moyens pour détruire la force morale chez l'ennemi...	14
Action par le feu...	15
Feux de mousqueterie. Influence des armes se chargeant par la culasse sur la manière de faire la guerre...	16
Manières d'exécuter le feu...	25
Considérations générales...	25
Feux à commandement...	27
Feux de bataillon...	29
Feux de demi-bataillon...	31
Feux de compagnie et de peloton...	31
Feux par rang...	32
Feux sur quatre rangs...	33
Des feux à volonté...	34
Feux à volonté en ordre serré...	34
Feux à volonté en ordre dispersé...	36
Des feux de tirailleurs...	36
Observations sur le tir...	37
De l'emploi de la baïonnette...	38

DU COMBAT EN ORDRE DISPERSÉ.	46
MANIÈRE DE CONDUIRE LE COMBAT EN ORDRE DISPERSÉ.	50
Des tirailleurs	54
Des soutiens.	55
De la réserve.	57
MESURES DE SURETÉ A PRENDRE PENDANT LES MARCHES.	
Manière de s'orienter dans un terrain inconnu	58
Observations générales sur les marches.	60
AVANT-GARDE.	65
Force et composition de l'avant-garde. Sa distance au gros.	67
Subdivision de l'avant-garde.	69
De la pointe de l'avant-garde.	69
Tête de l'avant-garde.	72
Gros de l'avant-garde.	74
ARRIÈRE-GARDE.	76
FLANQUEURS.	80
DU SERVICE DES AVANT-POSTES.	
But des avant-postes. Leur composition. Leur emplacement. Distances à observer.	85
Postes de soutien.	93
Poste d'examen	94
Dispositions générales concernant les avant-postes	95
Du commandant de la grand'garde.	98
Conduite à tenir en cas d'attaque.	102
Service des petits postes.	103
Conduite du commandant d'un petit poste pendant sa garde.	105
Conduite à tenir en cas d'attaque.	107
Conduite des sentinelles.	108
Patrouilles, découvertes et rondes.	111
IMPORTANCE DES LIEUX HABITÉS DANS LA DÉFENSE.	114
Organisation défensive des maisons isolées.	116

Organisation du travail et mesures de surveillance . . 118
Modifications à apporter dans l'organisation défensive d'une maison. 119
Occupation de la maison 120
Défense. 121
Attaque. 123

ATTAQUE ET DÉFENSE DES VILLAGES.
Considérations générales 126
Organisation défensive d'un village. 131
Reconnaissance du terrain extérieur, etc. 131
Organisation défensive de la 1re enceinte 134
    Id.   id.   2e enceinte 136
    Id.   id.   du réduit. 138
Emploi des obstacles naturels dans la défense . . . 139
Modifications à apporter à l'organisation défensive des villages. 140
Occupation. 141
Distribution des troupes. 143
Défense. 146
Attaque. 148

ORGANISATION DÉFENSIVE DES FERMES. 152

ATTAQUE ET DÉFENSE DES RETRANCHEMENTS.
Considérations générales 154
Mise en état de défense d'un ouvrage ouvert à la gorge ou fermé. 156
Service de surveillance. 160
Instruction de la garnison. 163
Défense d'un ouvrage isolé, ouvert à la gorge ou fermé. 165
Défense contre une attaque par surprise. 166
    Id.   id.   de vive force 167
Attaque des ouvrages isolés ouverts à la gorge ou fermés 173
Reconnaissance 173
Différents genres d'attaque. 175

Attaque par surprise ou par ruse. 175
Attaque de vive force 176
Attaque pied à pied. 183
DE L'IMPORTANCE DES BOIS DANS LA TACTIQUE MODERNE . . 184
  Reconnaissance des bois 187
  Reconnaissance défensive d'un bois. 187
  Défense des bois. Occupation 190
  Défense. 193
  Attaque des bois. 196

DES DÉFILÉS.
  Considérations générales 206
  Différentes espèces de défilés. 207
  Reconnaissance du défilé 208
  Position en arrière du défilé 209
    Id.   en avant du défilé. 212
  Occupation du défilé à l'intérieur. 216

ATTAQUE DES DÉFILÉS 218
  Attaque d'un défilé occupé en arrière 218
  Attaque de vive force d'un défilé occupé en avant . . . 221
  Attaque d'un défilé occupé à l'intérieur. 226

DES CONVOIS 228
  Qualités et connaissances que doit posséder le commandant d'un convoi. 229
  Objet de l'escorte, sa composition, sa force, sa division 233
  Dispositions à prendre, lorsqu'un convoi doit passer un défilé. 236
  Défense des convois. 236
  Attaque des convois. 237
  Convois de prisonniers. 239
  Des convois par eau. 240
  Défense. 241
  Attaque. 242

Des gués	243
Qualité d'un bon gué	244
Recherche des gués.	245
Manière de passer les gués.	246
Moyens pour rompre un gué	248
Moyens pour rétablir les gués.	248
Défense et attaque des gués	249

Quelques mots sur la tactique de la cavalerie.
- Objet de la cavalerie. Ses moyens d'action. 250
- Principes à observer dans les combats de cavalerie . . 252
- Des attaques de la cavalerie. 252
- Différents genres d'attaque. 254
- Combat à pied de la cavalerie. 256

Combat de cavalerie contre l'infanterie. 258
- Combat de cavalerie en ordre serré, contre l'infanterie dans le même ordre 258
- Combat de cavalerie en ordre serré, contre l'infanterie en ordre dispersé 264
- Combat de cavalerie en ordre dispersé contre l'infanterie dans le même ordre. 267

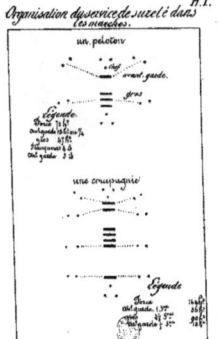

Pl. I.
Organisation du service de sureté dans les marches.

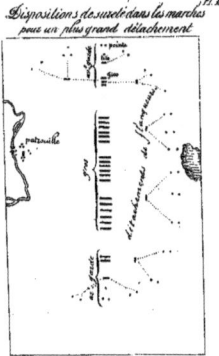

Pl. II.
Dispositions de sureté dans les marches pour un plus grand détachement

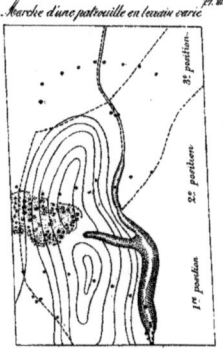

Pl. III.
Marche d'une patrouille en terrain varié

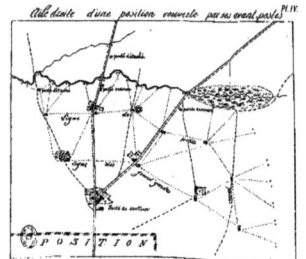

Aile droite d'une position couverte par ses avant-postes. Pl. IV.

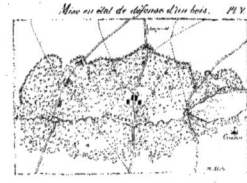

Mise en état de défense d'un bois. Pl. V.

Défense des bois. Pl. VI.

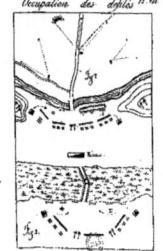

Occupation des défilés. Pl. VII

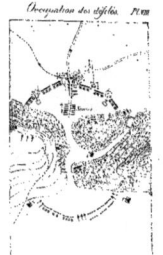

Occupation des défilés. Pl. VIII

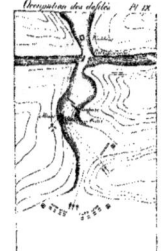

Occupation des défilés. Pl. IX

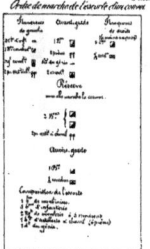

Ordre de marche de l'escorte d'un convoi. Pl. X

OUVRAGE DU MÊME AUTEUR

MANŒUVRES ET TACTIQUE

DE

L'INFANTERIE PRUSSIENNE

PRIX : Fr. 2-50